後輩・部下をもつ全ての保育者のための

失敗しないリーダーシップ論

八田哲夫 著

はじめに

全ての保育者に必要な能力の一つに「リーダーシップ」があります。日々、このことを実感しています。理由は、保育室では誰もがリーダーだからです。

もちろん、複数担任などの場合もあるかもしれませんが、先生と子どもの関係で考えれば、間違いなく、先生はクラスの中でリーダーであり、全ての場面でリーダーシップを発揮しています。もしも、先生にクラスをまとめるリーダーシップ力が無ければ、クラスはまとまらず、園にどんなに素晴らしい教育・保育理念、教育・保育目標があっても、毎日の保育実践をスムーズに積み上げていくことができません。それほど、保育者にとってリーダーシップ力は、必要不可欠な力であると思っています。

では、保育者の方々は、どこでリーダーシップを学んでいるのでしょうか？　大企業で管理職を務める方々でさえ、学校の必修授業でリーダーシップを学んだという人は本当に少ないと思われます。

そこで私は、主任・学年主任の方々の心が少しでも楽になり、園の活性化に対し少しでもお役に立てるよう『必読！ 私立園で働く主任・学年主任のためのスタディブック』を書かせていただきました。この本はお陰様で、約1万部が発行されました。

それから早13年。その間新たに多くの保育者が誕生して後輩をもつようになり、ありがたいことに増刷を望む声が寄せられるようになりました。そこで今回、内容を大幅にリニューアルし、主任や学年主任だけでなく広くリーダーに向けた本書を書かせていただくことになった次第です。リーダーシップやコミュニケーションには、原理原則はあるものの、全ての人や場面を対象にした、明確で絶対的な手法があるわけではないと考えています。また、時代と共に日々変化していくものだとも思っています。だからこそ、原理原則を基に、時代に合わせた方法を常に学び続ける必要があると思うのです。

この本は、各園のリーダー（後輩・部下をもつ全ての保育者）の方々にお読みいただき、ご自身のリーダーシップを磨いていただくと同時に、共に働く職員全員のリーダーシップを引き上げ、ゆくゆくは子どもたちのリーダーシップの礎を築いてほしいと願って、今、私自身も実践し、日々考えていることを書かせていただきました。

これからの時代は、一人ひとりが、人生を充実させ幸福になるために、自らがリーダーシップを発揮することが求められると思います。

それは、一人ひとりが自発的に行動し、自律自助の精神で、自らを高め続けることです。更に幼児教育を通じて、周りの人々を喜ばせ、園の発展、子どもたちの成長、ひいては世の中に貢献する。そんな一人ひとりのリーダーシップ力が、自分の、そして周りの方々の幸福に繋がる時代だと思っています。

この一人ひとりのリーダーシップ力は、２０２０年に世界中を苦しめた新型コロナウイルスの影響で、更に重要度が加速しました。だからこそ、書かせていただいたのです。本書が少しでも、お読みいただく皆様の園、そして皆様自身、更には日本中、世界中の子どもたちのお役に立てれば幸いです。

目次

第一章

第七章　うまくいくリーダーの共通点……183

第一章

世界〝最倖〟の職業に就いた喜び

POINT

本書をお読みになっている皆様の多くは、今、現実に幼児教育にかかわっている方だと思います。でもそれが、他の職業と比べてどういう〝立ち位置〟にあるのかをじっくり考えたことがおありでしょうか。実は、とてつもなく素晴らしい、世界最倖の職業なのです。そのことを最初に実感していただきたくて書いたのが第一章です。

◆ ◆ ◆

・幼児教育が世界最倖の職業である理由

・幸せな職場のつくり方と目指す形

・全職員が同じ方向を向いているという強み

・職場環境は自分たちでつくることができる

・リーダーを任される意味

・自然に人が集まる園になる

◆ ◆ ◆

保育者であるだけで幸せですが、自らが、園全体が少し意識を変えるだけで、更に幸せな職場にすることができます。

さぁ、ワクワクした気持ちでスタートしてください。

私は、平成元年に、日本体育大学体育学科を卒業しました。日体大を選んだのは、卒業後に高校の体育教師になり、野球部の監督になり、生徒と共に甲子園に行きたいと願っていたからです。しかし、教員採用試験は不合格でした。今思えば、本当に〝運良く〟落ちました。その結果、出会えたのが今いる会社、幼児活動研究会です。今、携わっている幼児教育です。会社説明会に参加する前は正直、「幼児が体操って、テレビの『おかあさんといっしょ』のような世界かな？」と、そんな程度の知識でした。しかし、そこで示された仕事の内容、子どもたちの映像は衝撃でした。

今でもはっきり覚えていますが、そのビデオの中で「コスモの体操の先生」（弊社が運営するコスモスポーツクラブの社員）が、子どもたちに尋ねたのです。「さあみんな！インタビューするよ！」「体操の時間どう思う？」と。

つまり、私の教え方はどう？とダイレクトな質問です。こんなことを日本の高校生や中学生に聞いたら大変なことになる！と、当時の私は違和感を覚えたものです。すると、「はい！はい！はい！」と、映像の中のほぼ全員が手を挙げているのです。子どもたちの答えは、「体操大好き！」「毎日やりたい！」「体操の先生になりたい！」などなど。

本当に衝撃でした。

質問は更に続きます。「では、体操の先生のことどう思う？」。答えは、「大好き！」「一緒にお弁当食べたい！」「毎日来てほしい！」。

このビデオを見た時が、この仕事をしよう！と思った瞬間です。本当に一瞬のことでした。まだ、体操の内容も、正直、会社の業務内容もよくわかっていませんでしたが、ただただ「こんな素直な子どもたちと一緒に体操したい！」と、素直にそう思ったのです。この一瞬の出会いが、今日までの32年間に繋がりました。人生は出会いによって大きく変わる――まさに、その通りだと思います。

入社後、毎日の体操指導は横浜・東京から始まりました。横浜・東京で6年。その後、札幌で5年。その後、再度東京へ。札幌にいる時に、職員研修を始めました。更に、園長研修、主任研修、保護者講演などを行いました。日本全国、更に、世界各地へ行かせていただきました。その経験で行き着いた結論。それが、「幼児教育は世界最倖の職業」ということです。

1、幼児教育は世界最倖の職業

そう考える、私なりのいくつかの理由を述べてみます。本書をお読みくださっている皆様は今、現実にこの職業に就いていらっしゃるのですから、読みながら再確認をしていただけたらと思います。

1 無くならない

現在、世界中の方々のコミュニケーションツールにもなっているスマートフォン。それまでの主流は携帯電話でした。その前は、ポケットベル。世の中では、新しい仕組みやツールができると古いものが無くなっていきます。新幹線や飛行機があるのに、わざわざ籠を使って移動する人はいません。

では、教育、特に幼児教育は、無くなることがあるでしょうか？

私は、無いと確信しています。この地球上で、人が人として、平和で豊かな生活をしていくためには、人を育て、継承していくことが絶対に必要なのです。

人間として何が正しいか

社会に貢献するためにはどうしたら良いか

こうしたことを教え、実践できるようにするための教育・育成が必要なのです。その最も基礎基本となるのが、私は幼児教育だと思っています。幼稚園・保育園・こども園の子どもたちは、家庭や地域だけでは学ぶことができない、集団生活のルールや、先生やお友達との教育・保育活動を通じての触れ合いや、コミュニケーション力を身につける大切かつ最も重要な時期にいます。そう考えた時、幼児教育は絶対に無くならない職業の一つであり、それが未来永劫続くと、私は確信しているのです。決して無くならない職業に就いている——これはすごいことであり、誇らしく嬉しく思います。

2 全ての人に喜ばれる

日本中、世界中の、全ての人に喜ばれる仕事です。

世の中には様々な仕事が存在しますが、全ての仕事（と、それによって出来上がった物）が全ての人に喜ばれるものかと言えば、私は必ずしもそうだとは思いません。あくまでも例えばですが、先ほど例に挙げたスマートフォン。もしかしたら、この時点でも「あんなもの要らない！」と思っている人もいるかもしれません。または、自動運転の車、空を飛ぶ車……。世の中には「良い！　それが必要！」と思う人がいれば、「それは良くない！　私は要らない！」と思う人もいます。

しかし、「幼児教育なんて要らない！」「人なんて育てない方が良い！」と思う人は、まずいないと思います。もしも子どもを育てることができなければ、おそらく100年後には地球上に誰もいなくなってしまいます。

人が生まれ、生まれた子どもを人間として正しい判断・行動ができるように、更に、世の中に貢献しながら幸せな人生を歩めるように、そして、学んだことを次世代にバトンタッチしていくために、教育が必要です。幼児教育はその第一段階であり、保育者の仕事は全ての人に喜ばれ、そして結果を出せば出すほど、つまり、子どもが成長すればするほど、それがそのまま人々の喜びへと繋がっていくのです。これまで私は、北海道から沖縄まで、そして世界各地で、このことをお伝えしてきましたが、どなたにも同じ気持ちで受け止めていただき、疑問に思われたことは一度もありません。

③成長と結果と貢献が比例している

世の中の様々な仕事では、人の成長がすぐには結果に結びつかないことが多くあると思います。ある程度成長し、力をつけ、そこから研修や鍛錬を重ね、やっと結果に結びつくのが普通でしょう。すなわち、成長するための努力と、結果や貢献が、きれいな比例曲線を描かないのです。いやむしろ、殆どの仕事は、そもそも比例的にはならないと思います。

しかし私は、素直で可能性に満ちた幼児の場合は、保育者の成長がそのまま子どもの成長という結果に繋がっていくと思っています。しかも、保育者も失敗しながら工夫を加え、何事にも懸命に取り組んでいく姿そのものが、子どもへの一番大切なメッセージとなるのです。

子どもたちを園に預けている保護者は、教育・保育現場で、どんな成果を期待しているでしょうか。「跳び箱8段跳べるようにしてほしい」「本読みのレベルを上げてほしい」

「小学校に行っても困らないようにしてほしい」、そして「教えるのが一番上手な先生に担任になってほしい」などを一番に挙げる人は、まずいないと思います。

もちろん、できないよりはできた方が良いですし、少しでも良い教え方を願うのも事実です。しかし、それよりも、

「どんなことにも挑戦する子どもになってほしい」

「失敗しても、諦めないで最後までやり通す子どもになってほしい」

「人を応援できる優しい心をもってほしい」

「子どもの気持ちを理解して、子ども目線で考えてくれる先生が良い」

という願いの方が強いものです。だからこそ、その保育者の成長、取り組む姿勢、それらが全部子どもたちにとっての教育なのです。保育者が子どもと共に「成長」していく姿勢、それがそのまま「結果」へと繋がり、その結果が「貢献」へと繋がっていくのです。子どもの成長は、地域の成長、ゆくゆくは社会の成長、国の発展へと繋がっていきます。こんなにダイレクトに、成長と結果と貢献が比例している仕事は、私は他に無いと思っています。

4 感動がある

私はこれまで、たくさんの研修や講演をさせていただきました。その中で、これまでの経験や子どもたちの事例をお話しし、時には映像を使って子どもたちの可能性や頑張りをお伝えしてきました。すると、多くの保育者や保護者の方々が、聞きながら、映像を見ながら、涙を流しておられました。

涙にはそれぞれに色々な理由があると思いますが、私は、その一番は「幼児教育には感動がある」ということだと思います。事例の中の子どもたちが頑張っている姿、できなかったことができた瞬間、失敗しても絶対できると信じてもう一度向かっていく姿。また、頑張るお友達の姿を見ながら、自分のことのように必死に応援している姿。それらが全て、これまで出会ってきた子どもたちと重なるのだと思います。

時には、その子どもたちの姿から、自分自身の子ども時代を思い出したり、「今、私は、あの子どもたちと同じように、本当に全力で力を出しきっているか?」と振り返ったりする。そんな色々な思いから心の奥底が動き出し、涙が流れ、感動に繋がるのだと感じています。不思議なもので、このように原稿を書いている時でさえ、そして書き上げた原稿を読む時も、会場での皆様の光景がフィードバックされ、心が動き出します。

そして、いつも思うことですが、会場で涙した皆様はその瞬間も仕事をしている時であり、この力が、そのまま明日の保育に生きてくるのです。仕事中、研修中、勉強中に、感動して涙を流しながら、明日もやるぞ！と思える仕事が世の中に一体どのくらいあるのだろうかと、いつも考えます。ただし、一つだけ補足しておきます。特に、新人の保育者にはこう伝えてほしいと願っています。これは、「全力で、最後まで走りきった人にだけ与えられる特権です」と。

5 全員が夢を叶えた人

これまでお会いした保育者の方に「いつから保育者になりたかったですか？」と伺ってみると、こんな答えが返ってきます。「幼稚園・保育園の時からです」「小学6年生の時です」「職場体験に行った中学3年生の時です」。上から順に多い答えです。そして、殆どの保育者が〝思った時から、ずっと思い続けて〟いました。続いて、「担任の先生に憧れて」という言葉が出てきます。

私が「そうですか！　では、野球のイチロー選手や、サッカーの本田圭佑選手や、スケートの浅田真央選手みたいですね」と伝えると「?･」という顔をされます。そこで、「卒園式で話した将来の夢、小学6年生で書いた卒業作文、中学3年生で書いた〝夢〟の寄せ書きと、今が一致している人たちですよ！」とお伝えすると、納得していただけます。

〝小さい頃からの夢をそのまま叶えた〟という人は、日本中、世界中でも数%しかいないと思います。多くの場合は、夢と現実にはギャップがあり、憧れの職業には就けなかったけれど、一生懸命頑張っているうちにその仕事や役割に使命感や喜びを感じ、あとから「これが私の天命だ」と思うのではないでしょうか。

そういう私も前述したように、小学生の時は野球選手を本気で目指し、その後に方向転換し、高校の体育教師になり甲子園に出場したいと思っていましたが、運良く再度、方向転換を余儀なくされ、偶然出会ったのが幼児体育です。更には20年以上前に、これまた本当に偶然頼まれた講演、その後、ある園長先生から依頼された園内研修などがきっかけで、いつの間にか回数が増え、それから研修・講演をメインに活動を行い、今では4000回を超えたのです。

多くの園長先生たちから、「八田先生はいつから、研修・講演を行っていこうと思ったのですか」「それを目指したこと自体すごいですよね」、時には「本当に天職ですね」と言われます。しかし、あとからついてきた結果なのです。今では、「これが私の役割で、天命なのだ！」と思えます。でもそれは、あとから気がついた、いや気づかせていただいたことなのです。

今思い出してみると、最初に講演や研修を頼まれた頃は、なかなか思うようにできなかったり、良かれと思って指摘すると場の雰囲気が悪くなったりと、色々なことがありました。「私は、研修には向いていないのかもしれない。そもそも話をするのは得意ではないし」と思ったことも、何度もありました。しかし、それでも続けられたのは、目の前の問題や難題にも、きっと意味があるはずだと思っていたからです。〝頼まれごとは試されごと〟だと自分に強く言い聞かせ、大袈裟に聞こえるかもしれませんが、自分を奮い立たせ、とにかく学びを深め、どうすれば理解してもらえるかを考え続けました。

更にかなりの年数と経験を経てからは、正しいことを楽しく伝えるにはどうすれば良いのかを考えられるようになり、「これが私の役割なのかもしれない！」と思えるように、やっとなってきたのです。本当に楽しい！と自分自身も思えて、参加していただいている方々にも「学ぶって楽しい！」と本気で思っていただけるようになるには、長い年月を要したように思います。

幼児教育に携わる皆様は、最初から携わることを目指し、最初から「楽しい！　これが私のやりたいこと！」と、そう思うステージに立っているのです。すごい職場です。

あとにも述べますが、「全員がこの仕事に憧れ、夢を叶えた集団である」ことが理解でき、そのことが共有できると、コミュニケーションや育成は、とてもスムーズに行えます。そうなのです、変に気を使ったり遠慮したりせず、その人の夢を更にグレードアップさせ、次の夢に向かう支援をしてあげれば良いのです。

全員が夢を叶えた組織――これだけでワクワクするのは私だけではないと思います。

2、幸せな職場にいる幸せ

どの保育者も、幸せを実践するのは職場（園）です。どんなに保育者に憧れても、毎日保育をする職場が幸せでなければ、理想と現実のギャップから、その職場を離れるだけではなく、憧れであったこの職業から離れてしまうこともあるかもしれません。残念なことですが、そういう話を、何度も何度も聞いているのも事実です。

もちろん、幸せ＝本人にとって都合の良い職場という意味ではありません。子どもたちにとっても、保護者にとっても、そして働く職員にとっても、全ての方々に喜ばれる、幸せな職場でなければいけません。

では、幸せな職場とはどんな職場なのか、ここでは、特に職員にとって幸せな職場にフォーカスしてお伝えしていきます。

1 全職員が自らの職場（園・法人）を誇れる

自分が勤めている幼稚園・保育園・こども園。その園を誇れる。これが最も重要です。

私はこれまで、国内外で3000カ所近くの園を訪問してきました。ほぼ全てが私立園です。その経験の中で感じた結論が「私立園には独自性がある」ということです。日本では現在、幼児教育の無償化が実現していますが義務教育ではなく、指針はあるものの、内容そのものは、各園の建学の精神、教育・保育理念、教育・保育目標に基づいて実践されているからです。

この独自性は、同じ法人であっても、園ごとに存在しています。同一法人ですから同じ目的・目標・方針で行っているのですが、やはり、そこに人が存在するので、雰囲気があります。私は、それを〝園風〟と呼んでいます。この園風（雰囲気）が、独自性を更に際立てると思っています。その唯一無二の園が、今、あなたが勤めている園なのです。その唯一無二の園を誇りに思える。これは奇跡的なことかもしれません。しかし、最も重要なのです。

わかりやすい事例でお伝えしましょう。まずは、子どもたちに聞いてみます。「日本中、世界中にたくさんの園があります。みんなが一番好きな園はどこですか？」。もし「今、通っている園ではなく、○○園が大好きで、お父さんお母さんが許せばそこに通いたいです」なんて言われたら、がっかりですよね。もちろん、そんなことを言う子どもはいません。「この園が一番好き！」と何の疑いもなく、大きな声で、自信たっぷりに言ってくれると思います。

では、同じことを職員に質問したとイメージしてください。「あなたは、どこの園で本当は働きたいですか？」「今勤めている、この園が大好きですか？」「この園を誇りに思いますか？」。

仮に、この答えと今勤めている園がイコールでなかったとしたら、子どもたちに何と説明するのでしょうか。「先生はこの園が好きではないけど、仕方なく保育しているの。だから我慢してね」と言われたら、私が子どもなら「だったら、この園が好きな先生と替わってください。先生は、自分が好きだと思う園に行っちゃいなよ！」と、間違いなく言っていると思います。

これでは、誰にとっても不幸ですね。

「自分の園を誇りに思える」とは、どういうことでしょう？「誇りに思う」ということは、自発的、自動詞的な思いです。まだ社会のイロハもわからない学生の時に必死で就職活動を行い、入職してきた新人保育者が、いきなり自発的に自分の園を誇りに思ってくれるでしょうか。自分の能力は何なのか、どんな可能性があるのか、これからどんな貢献ができるのかさえ、まだわかっていないのに。

少し極端ですが、プロ野球選手の例で考えてみましょう。プロになるには、通常はドラフト会議で指名されてなります。今のルールでは、自分から球団を選ぶことはできません。きっと思いはあるはずですが、〇〇球団に入りたいと口にしたところで、プラスになることはありません。ましてや、ファンあってのプロスポーツです。球団が決まれば「このチームに貢献できるように、優勝できるように、ファンの皆様に喜んでいただけるように全力で頑張ります」と言います。もちろん、その選手を指名した球団が、自分たちがどれだけあなたを必要としているか、どれだけサポート体制が整っているかをアピールしたからこそ、入団を決意してもらえたのです。そして、指名した選手に、自分たちの球団を大好きになってもらうことこそが、本人の「大活躍するぞ！」という思いの原動力になっていくのです。

最初に、そのチームを大好きになり、このチームに誇りをもち、その気持ちがモチベーションに繋がっていくのです。

保育者にも同じことが言えます。保育者の方々は、幼児教育に憧れて門をくぐってきます。もちろん、就職活動で園について色々調べたでしょうが、調べただけで、心の底から大好きになったり、誇りに思えるということは、なかなか無いでしょう。だからこそ全力で、内定者（採用者）を自園のことが大好きな職員へと育て、本当の仲間になってもらい、家族の一員にするのです。この園を大好きになってもらう努力をし、それを続けていくのです。

その思いが本人の中に浸透し、それが、本人の気持ちや行動・態度として外に表れた時、それを〝誇り〟と言うのだと、私は思っています。自分の法人、自分の園を誇れる――これは本人だけの力ではなく、共につくり、共に磨きをかけていくものです。

「月曜日が一番好きです！　だって園に行けるんですから。土曜・日曜のお休みも大切ですが、それは月曜日に元気に園に行って子どもたちと会うための充電時間なんです！

私の職業は、憧れの幼児教育の先生です。そして、私の誇りは、この園と、この園の職員であることです」

こんな風に話す職員が集い、一緒に仕事ができる〝幸せな職場〟。これは理想の話ではなく、目指す最初の姿であり、永遠に追求する姿だと私は思っています。

②全職員が誇れる上司（園長・上司・仲間）と働ける

　では、〝誇れる園〟というのは、具体的にどういうことなのでしょうか。園庭の広さ、立派な遊具、豪華で素晴らしいデザインの園舎、驚くようなカリキュラム……？　それらも、重要な要素の一つだとは思います。しかし、保護者の立場になるとわかりやすいのですが、子どもは園庭に預けるわけでも、遊具や園舎に預けるわけでもなく、ましてやカリキュラムが良ければそれで良い！とはならないことは理解できると思います。

　そう、人は人に預けるのです。わが子を人に預けるのです。同じように、自分がこの園を、この職場を誇りに思うには、そこにいる人を誇りに思えるか、なのです。

　これには順番があると思っています。まずは園長を誇りに思い、上司を誇りに思い、仲間を誇りに思うという順番が大切です。もちろん現実の順番は少し違い、最初の段階では自分の身近な方々が大好きになり、それが誇りの源になることもあるでしょう。同期・先輩・リーダーが大好きで、いつしか上司・園長が大好きになったということもあるかもしれません。しかし、私立園の最大の特色である独自性は、当然ながら園長、トップから発信されます。つまり、仲良し集団をつくるなら身近なところからで良いのですが、プロとして子どもたちの前に立つには、「この園を誇りに思う＝園長を誇りに思う。上司・リーダーの元で、園長の考えを実践できることを誇りに思う。そして、先輩や同期や後輩は良き仲間であり、ライバルであり、切磋琢磨して目標を実現させたい！　その目標に向かうことも、私の誇りです」という考え方であってほしい。そのためにはやはり、誇りに思う順番に重要度があると私は考えています。

各園の誇りは各園の中にあります。それを追い求め続けること、同時に、自分の心に手を当てて考えることが一番大切なのだと思います。「私は、自分の園に、仲間に誇りがあるか？」「私は、この園にわが子を預けたいか？」「保育の質を日々高めようと努力をしているか？」「どうすれば、もっと誇りがもてる職場になるか？」――こうしたことを自分の心の中で本気で考えられれば、それが言葉や態度に表れていくと思います。

３全職員が仕事を通じ自らの成長とやりがいを実感できる

子どもたちを見ていると、人は生まれた瞬間から自ら成長したい、そして人の役に立ちたい！と本能に刻まれているのだと感じます。

寝返りをうちなさい、そろそろ立ちなさいと誰からも言われなくても、ましてや方法を教えられなくても、行動し始めます。しかも、立つことを身につける時には、何度も何度も立っては転び、転んでは痛い思いをして、でも決して諦めず、最後の最後まで自分の力を信じ挑戦していくのです。見たことがないと思うのです、赤ちゃんが「あ〜向いてない、諦めよう」とか「今日はやる気出ないな〜、まあ成長しなくてもいいか」なんていう気配を醸し出している場面を。赤ちゃんは成長に向けて自ら行動し、更に、周りの人が喜んでいる姿を見て、自分も大喜びをしています。それは本能でしょう。

入園してからの子どもたちも同じで、色々なことに挑戦し、仲間が困っていたら助けてあげたり、お友達の頑張りを自分のことのように本気で応援したりします。自由時間などには、自分たちで新しい遊びを考えたりします。

では、大人になったら、本能は消えて無くなるのでしょうか？　私は、そんなことはないと思っています。ただ、大人になると、色々な意味でこれまでの経験や思考が良くも悪くも邪魔をして、素直に成長したい！という意思を表せなくなる場合もあるのかもしれません。

例えば、研修中に「誰かに発言してもらいましょう。発言してくれる先生！」と言えば、園にもよりますが、一般的には手が挙がりません。若手が多いほど、そうです。もちろん手を挙げたい方もいるはずですが、おそらく周りを気にして「ここは挙げるべきか、自分で良いのか？」などと考えての結果だと思います。

では、どうすれば手が挙がるようになるか。そもそも保育者を目指した方々は、自らが成長したい！子どもたちを成長させたい！と本気で思っています。ただ、それを素直に、そして前面に出せないだけ。だからこそ全員で、仕事を通じて、保育を通じて自らの成長を実感できる環境づくりをしよう、積極的にコミュニケーションをとり合おうと考えることが大切です。

私は、その考え方をこのように表現しています。

成功することを一番に考える思考＝成功思考
成長することを一番に考える思考＝成長思考
成功思考＜成長思考

何事もうまくいった方が良いと思います。しかし、それが偶然で、再現性がなく、その場しのぎだったり本人の力に繋がっていないのであれば、いくら成功してても（うまくいっても）意味が無いでしょう。それよりは、もしかしたら失敗するかもしれないけれども、その経験が今後の工夫・改善や、最も重要な成長に繋がるという考え方の方が素晴らしい。失敗を恐れない環境やコミュニケーションの場をつくり、職員も、そして園全体も、「成功」より「成長」にフォーカスすることが大切だと思います。

更に、その成長が、仕事のやりがいに繋がってくると思っています。やりがいとは、伝えたり与えたりするものではなく、その本人が気づき、感じるものだからです。

昨日より今日、今日より明日、毎日少しでも成長を続ける。園の子どもたちと同じですね。保育者自らが、仕事を通じて成功思考より成長思考を実感し、保育室でも実践し、子どもと共に日々成長できる。それを実感しながら仕事ができれば、本当に幸せです。

先ほどの「発言してくれる人？」に対し、成功・失敗ではなく、「まず意見を言ってみよう。もしも間違っていたら、一つ理解が高まり成長できる！」という環境が園にあれば、自然と全員の手が挙がると思います。

3、「全職員が」が大切

ここまで、幸せな職場ということで三つのポイントでお伝えしてきましたが、どの項目も「全職員が」で始まっています。私は、ここもとても重要なポイントだと思っています。一部の人だけが三つのポイント「園への誇り」「上司・仲間への誇り」「成長とやりがい」を感じていても、それを感じていない人がいれば、やはり幸せな職場とは言えません。もちろん、人によって意識差、温度差はあります。

保育室で考えても同じことが言えます。何かをするときに、

●いつも積極的に動き出し、すぐに理解して行動を起こせる子ども
●周りを見ながら、あとから理解し行動を起こす子ども
●1回では理解できず、フォローが必要な子ども

がいますね。もう少し具体的に言うと、体操で新しい種目を行うと、

●すぐできる子

●少しフォローするとできる子
●時間のかかる子
がいます。

ではここで、時間のかかる子どもに対して、保育者は諦めるか？と言えば、決してそんなことはありません。そこから工夫し、色々な方法でその子に合った環境をつくり出し、何としてもできるようにしてあげると思います。そして、その子たちができた時、クラス全員が本当の達成感を味わいます。もしも、できないままの子がいれば、できた子たちも本当の満足感、充実感は得られないと思います。それは担任も同じで、全員ができた時が、本当の喜びを感じる時です。

このことは、職員室でも言えることなのです。理解度、実行度、達成度は一律にはなりませんが、全員が、同じゴールに向かって、誇れる仲間と一緒に、成長をしていくことが大切なのです。

30人の職員研修で、一人だけ研修自体に反発をしている職員がいる。１００人の保護者講演会で、園に対して一人だけ不満をもっている保護者がいる——これをイメージしてみてください。会場はどんな空気になると思いますか？

29人の職員、99人の保護者はとっても前向きです。たった一人だけ違うのです。私の経験では、それではベストの環境は出来上がりません。どちらかと言えば、その正反対の状態です。一人なのですが、どうしても違和感のある空気感になってしまう。たった一人なのですが、その雰囲気は周りに伝わっていくのです。もちろん、その前の段階で、周りもみんな知っています。「あの人がいると……」「あの先生……大丈夫かな？」と。

だから「全職員」なのです。保育者だけではありません。常勤・非常勤・パートの方（私は通常、パートナーと表現しています）、事務や調理室の方、バスの運転手さん、看護師さん。園の職員全員です。

結果や能力を同じにするという意味ではありません。全職員が、誇りをもち、成長思考で、お互いが日々成長していこうと価値観やベクトルを揃え、心と力を一つにすることが大切です。つまり、リーダーの重要な役割の一つは、仕事を通じて、誇り・喜び・成長を感じさせることなのです。具体的な役割は第五章でお伝えしていきます。

4、自分たちの職場は自分たちで良くする

では、職場を良くするのはリーダーだけの役割なのでしょうか。私は違うと思っています。もちろん、トップやリーダーが率先垂範《そっせんすいはん》で引っ張っていく、牽引していくことは間違いありません。しかし、トップ一人で、リーダー3人でどんなに引っ張るよりも、やはり10人、20人、30人全員で、1歩を踏み出す方が力強くなります。

私の好きな言葉に、〝一人の1000歩より1000人の1歩〟というのがあります。最初はリーダーがチームを引っ張り、リードしていく。ゆくゆくは一人ひとりが自らの意思で動き出すことが大切です。つまり、「自分たちの職場は自分たちで良くする！」。

ただ受け身で環境の変化を待つのでなく、自分たちで提案し、工夫し、改善し、職場を良くしていこう、自らが自らの手で誇れる職場にしていこうと動き出すのです。高校野球の部員が、監督や先生が来れば練習も後片付けもグラウンド整備もしっかりやるが、いない時は全くやらず、ましてや自主練もしないようでは、結果は想像できるでしょう。

みんなが同じ目標に向かって、それぞれの役割を理解し、時にはライバルとして切磋琢磨し、選手自らが行動し、お互いを信頼し助け合うから良いチームが出来上がるのです。監督のビジョンを基に、選手一人ひとりが考える。その総和がチームの力なのです。

●どうすれば保護者が安心してわが子を預けられるか
●どうすれば子どもたちがもっと成長するか
●どうすればもっと効率良く仕事ができるか
●どうすれば職員が辞めないで長く働くことができるか

このようなことを自分事として考えていくのです。自分の園に誇りをもち、上司・仲間に誇りをもち、日々成長を実感できるから、もっと良くしたいと思えるのです。

5、リーダーを任される喜び

今この本を手に取ってお読みくださっている方々は、多くは主任・学年主任・リーダーの方々だと思います。中には、「担任は楽しいけど、リーダーは嫌だな、私には向いていないな」と思っている方々もいるかもしれません。もしも、当てはまる……と思う方がいれば、ぜひ、お伝えしたいことがあります。

リーダーを任される喜びのまず一つ目は、必要とされていない人には、その役割は回ってこないということです。自分には向いていない、私より適任者がいるのにどうして私なの？と自分が思っていたとしても、「必要」と思ってくれる人がいるから、あなたはその立場にいるのです。そう、それは園長です。園長が、あなたが必要と思うから、その立場にいるのです。選ばれた人なのです。

もし、あなたがその役割を実行しないと、園長が自ら行うか、違う人に回っていくのです。必要とされたから、目の前にその役割がある、と考えてみてください。

喜びの二つ目は、役割をいただけると、自分で決定できる範囲が徐々に増えていくということです。担任なら自分のクラス。学年リーダーなら、その学年全体。主任なら園全体。その誇れる仕事の中で、自分で決定でき、そして、子どもたち・保護者・職員たちに喜んでもらえたり、幸せになってもらえたりする範囲が増えるのです。当然、そこには責任もついてきますが、担任よりも、より多くの子どもたちの幸せを考えることができるのです。

最後三つ目は、仕事を通じて自らも成長できるということです。人は、自分の力よりも、ちょっとだけ上のレベルに課題を設定すると、より成長していきます。

子どもたちでも同じですね。5段の跳び箱が跳べる子どもが、ずっと5段ばかり跳んでいたら、ある程度までは伸びますが、そのうち伸びを実感できなくなってしまいます。6段にした時は、最初はうまくいかないかもしれません。しかし、何度も挑戦していく中でついに6段を跳べて、今度は7段に挑みたくなってくる。その時には、最初は難しいと思っていた6段は、楽しくて仕方がない状態になっていると思います。

仕事でも同じことが言えます。自分では難しいと思っていることでも、その役割を必要としてくれる方がいて、自分で決定し、行えて、それが自分の成長に繋がっていくのです。しかも、その成長は、間違いなく、周りに良いエネルギーとなり伝わっていくのです。

6、自然に人が集まる園

これまで述べてきたことが実践されると、園には人が集まってきます。私立園というのは、園児がいて初めて成り立ちます。そして、園児がいても、それを教育・保育する保育者がいなければ、やはり成り立ちません。しかし、人は集めるのではなく、人は集まるのです。

特にここ20年はＩＴ革命（インターネット・スマートフォン・ＳＮＳなど）の時代で、大きく流れが変わりました。どんなに「良い園ですよ～、来てください！」と言っても、情報として流れている評判が良くなければ、人はそこに集まってくれないのです。しかし、その園に行けば、わが子が成長する、職員自身が成長できる、そんな評判が伝わっていれば、人は集まってくると私は思っています。誇れる園であり、人が集まる園でもある！ということなのです。

そこで次の章では、評判園の共通点についてお伝えしていきます。

第二章

評判園の共通点

POINT

幼稚園・保育園・こども園は全国にたくさんありますが、皆様の園は地域の評判園となっているでしょうか。世界最倖の職業に就き、幸せな職場で働くことができていても、自己満足で終わっていたとすれば外からは評価されません。

第二章では、私が実際に訪問した中で発見した、評判園の共通点をお教えしましょう。それを知ることで、リーダーとして、職員として、目指す方向性が見えてくるはずです。

◆ ◆ ◆

・園長を中心にまとまるための条件

・全職員が二つの一流を目指す

・迷ったら「子ども第一主義」に立ち返る

・評判を維持するための検証ツール

◆ ◆ ◆

自園をたった一つのキーワードで表現するとしたら何だろう？　それを見つけることが鍵となってきます。

全国の園を訪問していると、評判の良い園には共通点があると感じるようになりました。それを三つのポイントに絞ってお伝えしていきます。主任・リーダーのみならず、全ての職員に関係する事柄です。リーダーとして、職員として、これらにどうかかわれるかという視点でお読みください。

1、園長を中心に心と力が一つになっている

第一章でもお伝えしましたが、私立園には独自性があります。その独自性とは、トップである園長の教育・保育に対する考え方です。それが形になっているのが、教育・保育理念、教育・保育目標、教育・保育方針です。少し具体化すると、

- **教育・保育理念**……何のために　何を目指して　どんな思いで
- **教育・保育目標**……何を目標に　どんなゴールを目指して　どんな子どもになってほしいと願うか
- **教育・保育方針**……理念・目標をどんな形で実践していくか　具体的実践方法

となります。それぞれの定義は様々にありますが、これは私なりの所見です。

前ページの三つのうち、中心となる考え方である建学の精神（教育・保育理念）は変わることはありませんが、具体的な目標や方針などは時代と共に変化していくと思っています。いや、世の中が加速度的に変化しているにもかかわらず、一番大切な教育、その中でも最も重要な幼児教育が、30年前、50年前と全く同じ目標（ゴール）で、そのための方針が全く同じままということは考えられません。

例えば、私が幼稚園児だった頃は、英語を導入している園は本当に少なかったと思います。その20年後、私が会社に入り体操指導を毎日行っていた頃は、年長さんで、マットで前転・連続前転・飛び込み前転ができると、かなりのレベルでした。しかし、現在では脳科学的にも小脳が6歳までに8割くらい完成すると言われ、その影響もあるのか、私が仕事を始めてからの30年ほどの期間でも幼児期の体操の重要度は年々上がり、同時にレベルも上がっていると実感します。具体的には、側転・連続側転・柔軟性を利用した各種回転運動・逆立ち歩きまで年長児全員ができるようになる園もあります。

また、心の教育ということで、世界中に広がる「ほめ育」を導入し、園と家庭・地域を結びつけて総合的に行っている園もあります。これも時代の変化と共に幼児教育が進化している一つの表れだと思っています。その変化をも含めて、自園の目指す理念・目標に向かって、全職員が常に心と力を一つにしていくのです。

園長を中心に心と力が一つになっている

これが実現されていくと、保護者の安心感を生み出します。「あの園の先生はみんな同じ方向を向いて、園長先生が入園説明会でお話ししてくれたことを実践してくれている。どの先生が担任になっても安心して預けられる」。また、事務やバス、給食の担当職員の方々も一丸となって教育・保育理念、教育・保育目標に向かっている——。だからこそ、わが子を預ける保護者の方々も安心できるのです。

では、それを実現するにはどうすれば良いのかをお伝えします。

1 園発展計画書の作成

まず、自園が、どのような思いで、何を、なぜ大切にしているかを明文化した「園発展計画書」を作成します。この計画書には、園の職員、園の教育にとって一番重要なことが、重要な順番で書かれていなければなりません。その最初に書かれているのが、教育・保育理念、教育・保育目標、教育・保育方針です。

それを毎年、時代の変化に合わせて見直し、毎年、園発展計画発表会を行っていきます。弊社でも毎年必ず行われています。また、全国の評判園でも実践されています。

[2] 教育・保育理念、教育・保育目標、教育・保育方針の唱和

朝礼、昼礼、終礼、職員会議の度に、理念、目標、方針等を唱和します。これまで訪れた、どの評判園も、形は違いますが、必ず全員が唱和しています。

目標や方針は変わるものですから、唱和して覚えるのは当然のことです。もちろん、「覚える＝できる」ではありません。しかし、園や自分がどの方向に向かっているのかを言えないようでは、それが実践されることは99％あり得ないと思います。

[3] 理事長・園長・主任の講話がブレない

言葉は〝講話〟と硬いですが、つまりは「園長先生からのお話」、更には「主任・リ

ーダーからのお話」です。これが非常に重要です。私たちの園はどの方向に向かっているのか、今日の出来事を園長はどう考えているのか。園長が話をする時が、職員が目を一番輝かせる時です。園長が不在の場合は、主任やリーダーが代わりとなって話をしていきます。

だからこそ、主任・リーダーは、日々園長が考えていることを理解し、常にアップデートしていく必要があります。

4 チーム（グループ）・ディスカッションの実施

園長、主任・リーダーからのお話があったら、どんなに短い時間でも構いませんから（例えば1分）、必ず、ディスカッション（討議）を入れてください。答えを出すためではありません。各自自分の意見として人に伝えたり、人の考え方を聞いたりすることで、更に理念、目標、方針に対する理解を深めていけるからです。

弊社でも、毎回のチーム会議の中で必ずディスカッションを行い、ミニレポートを書き、提出・保存をしています。園の場合、毎回提出では負担が大きいでしょうが、ディスカッションは、必ず行ってほしいと思っています。

5考え方を浸透させる

言葉では簡単なのですが、ここまで述べた1～4を通じて学んだことを、意識しなくても自然にできる状態のことを言います。新しい職員が入ってきた時も、1日も早く、同じ考え方・価値観を共有できるようにしていきます。更に、この考え方に基づく行動を、自分の実生活でも実践できると素晴らしいと思います。言い換えれば、

園が大切にしていて子どもに伝えていることを職員全員自らも行うということです。当然のことですよね。「先生がみんなに言っていることは、みんなは家でもするのよ！　先生は、絶対しないけどね」と言われた子どもたちは、さすがに「は～い！」とは言いません。「先生が言うことを家でもできる人が立派な人ですよ！　先生も、家でも、お友達と遊ぶ時もするからね！」――これが正しい。

普段、子どもたちにどんなことを伝えていますか？

●人が嫌がることはしてはいけません、喜ぶことをします

●人を騙したり嘘をついたりせず、正直に生きます
●命を大切にしましょう
●困っている人がいたら助けてあげましょう
●あきらめないで最後まで頑張りましょう
●物は大切に、使ったら元に戻しましょう

まだまだ出てきますね。これを全職員が日常生活でも行ったら、世の中はどんどん良くなります。教育・保育目標を頭と体に浸透させ、自然に実践できるようにしていくことはとても大切です。

これらのことをコツコツと積み上げていくと、園長を中心に心と力が一つになり、独自の〝園風〟ができていくのです。

2、全職員が一流

評判園の共通点の一つとして、以前は、〝全職員が社会人として一流〟と伝えていま

した。本書では、〝全職員が一流〟と変更しています。評判園となるには、二つの一流が必要だと気づいたからです。

(I) 社会人としての一流

(II) プロとしての一流

最初の「社会人としての一流」ですが、これは、社会的な常識を身につけ、それを一流のレベルまで上げていくということです。では、何を身につければ良いか。それには、拙著『教えて！保育者に求められる100の常識』を参考にしてください。そこに書かせていただいた100項目を理解し、そして実行できるようにしていきます。この100項目をしっかり理解して行動できるようになれば、どの世界に行っても通用すると私は自信をもって言えます。単に行動できるだけではなく、それを一流のレベルまで高めていきます。

ここで、一流の定義を二つ紹介します。

一流の定義一つ目は、〝当たり前のことを当たり前以上にできること〟です。例えば、挨拶。誰でも挨拶はできますが、そんな挨拶を、当たり前以上に行うのです。

いつでも
どこでも
誰にでも

子どもの見本となるように

イメージとしては、入園式で、保育者全員が揃って挨拶をしただけで、会場から「ワ～すご～い！　素敵～！」と声が上がるようなレベルです。

一流の定義二つ目は、三流から一流への段階で説明します。

三流は、言われてもできない
二流は、言われればできる
一流は、言われなくてもできる

とてもシンプルですね。更に、

超一流は、誰も見ていなくてもできる　です。

もう一つの一流は、「プロとしての一流」です。

どんなに社会性があっても、本来の役割で結果を出し、貢献できなければ、喜んでもらえません。例えば、歯医者さんに行ったと思ってください。院内は素晴らしい雰囲気、待合室のソファは快適、読み物も幅広く用意され、順番待ちも気にならない。診察室は文句なしの衛生環境。そしていよいよ診察が始まる時、先生から、「よろしくお願いします。担当します新人の八田です。新人で不慣れで、今日初めて虫歯の治療をします。失敗しても、大きな心で受け入れてください。全力で治療します。気持ちだけは誰にも負けません」と言われたら、そのまま治療を続けますか？

幼児教育でも同じことなのです。やっぱりプロとして一流であってほしい。ただし、第一章でも述べましたが、それは常に成功するとか、失敗は一切ないとか、ずっと高いレベルを出し続けるということではありません。肝心なのは、

成功思考＜成長思考

です。子どもたち、保護者の方々に喜んでいただけるよう、園の教育・保育方針を理解し、園長の代わりとなって全力で教育・保育をし、子どもと共に成長していく姿です。成長

を日々追い求め、毎日1ミリの成長を目指し、経験が増せば増すほど、「謙虚にして奢らず、更に努力を続けていく」――そんな姿勢です。そして、それは必ず、「プロとしての一流」の結果となって表れてきます。

私の大好きなディズニーランドを創造したウォルト・ディズニーは、ディズニーランドをこう表現しています――〝永遠に完成しない　夢と魔法の王国〟と。教育、ましてや幼児教育です。子どもたちの可能性に限界はありません。その可能性を引き出すのですから、毎日1ミリの成長を永遠に続け、〝永遠に完成しない　夢を実現させて今なお追い求める人〟であってほしいと思っています。

ここまでをまとめると、

職員全員が一流＝(Ⅰ)社会人としての一流×(Ⅱ)プロとしての一流

となります。足し算ではなく掛け算ですので、どちらかが先行して大きくなれば、どちらかを補うこともあります。リーダーは職員一人ひとりの特徴、長所を見ながら共に成長してください。

更にここに、「考え方」を掛け算していきます。

職員全員が一流＝(Ⅰ)社会人としての一流×(Ⅱ)プロとしての一流×考え方

これは、私が入塾していた稲盛和夫塾長の盛和塾で学んだ「仕事・人生の結果＝能力×熱意×考え方」という方式に準じたものです。能力も熱意も、1～100まであると考えます。次に掲げたのは、能力は80とかなり高いが、気持ちが入らず30の熱意で仕事をする人と、能力は半分の50だけど熱意があり、熱意90で仕事をする人の例です。

能力80×熱意30＝結果 2400

能力50×熱意90＝結果 4500

もちろん能力はあった方が素晴らしい。しかし、能力は熱意でカバーできるのです。

更に、最後に掛け算する「考え方」は、プラス100～マイナス100まであります。掛け算ですから、マイナスの考え方をもっていると、結果は全てマイナスになってしまうのです。

能力80×熱意 30×マイナス100の考え方 ＝ 結果 マイナス2400000
能力50×熱意 90×プラス100の考え方 ＝ 結果 プラス450000

能力、熱意、社会人としての知識、プロとしての知識――それらは全て大切です。ただし、最後に最も重要になってくるのが、理念・目標・方針・フィロソフィー（哲学・考え方）なのだということがおわかりいただけるでしょう。

ここまで述べてきた、
園長を中心に心と力が一つになっている
全職員が一流である（社会人として　プロとして　更に考え方）
この二つの力をどこに向わせるか、それが次にお伝えする「子ども第一主義」です。

3、子ども第一主義

幼稚園・保育園・こども園は、子どもたちのための成長の場です。何か迷った時、その判断・決定は、子どもにとってどうかを基準に考えてください。それが「子ども第一主義」

です。ただし、その判断・決定が、職員にとってとても苦痛で、どちらかと言えばマイナスになってしまったら、第一章で述べた〝幸せな職場〟とは言えません。「この園で働けて子どもたちの前に立てて幸せ」と思っている職員が、子どもの前に立つから、子どもたちも幸せな保育を受けることができます。

目の前の先生が、本当に自園が大好きで、これから行う保育がワクワク楽しみで、子どもたちが大好きな園に来てくれて、子どもたちが憧れ誇れる先生方と一致協力しながら、子どもたちに喜んでもらうためにどうしたら良いかを本気で考えること。この状態が「子ども第一主義」だと思います。

しかし、自分は何をすれば良いかといつも不安で、失敗したら何を言われるかわからない。更に、困っていても相談できない。本当に自分は大丈夫なのだろうか――仮にそんな状態では、子どものことを第一に考えることは難しいと思います。子どもが第一ということは、職員にとって幸せな職場であることが根底にあるのです。

大切なのは、評判園の共通点の、①園長を中心に心と力が一つになっている、②全職員が一流、そして③子ども第一主義という、この順番だと私は思っています。最初に「子ども第一主義」を掲げても、何を大切にしていけば良いのかわからず、それこそ一人ひとりの価値観で動き出してしまいます。それでは、組織・チームではなくなってしまいます。

ある園長から学ばせていただき、今も、これからも、私の座右の銘の一つとなる言葉があります。

幼児教育は立派な子どもを育てることがゴールではなく
立派な大人を育てることが幼児教育のゴールです

これは、ものすごく心に響きました。ところで、立派な大人ってどんな大人だろう？

その答えは、園長を中心に心と力を一つにする、教育・保育理念、教育・保育目標、教育・保育方針の実現です。その実現に向け、自己を高め、実践していくことが立派な大人を育てるための「子ども第一主義」なのです。

4、評判を維持するためには

ここまでお伝えしてきた、評判園の共通点三つ。これらが正しい方向へ向かっているか、常に検証することが大切です。なぜなら、評判そのものは、自分たちで上げたり下げたりすることはできないからです。ですから、園の思いが成果に繋がっているかを検証することで、更に力を高めていきます。検証は「園児の成長と園児数」と「職員の安定と採用問題」の2項目で行います。

1 園児の成長と園児数

なぜ、そこに園児が入園してくるかと言えば、その園の教育・保育を受けたいからです。特に幼児教育・保育の無償化以降、保護者の選択肢は大きく変化したと思います。無償であるなら、自分たちが理想とする教育・保育をしてくれる園に子どもを預けたいと思うでしょう。入園を決める時の大きな要因が、それまでその園に通った保護者からの評判であったり、実際に園見学をした時の在園児の姿への共感であったりします。わが子もこんな子どもたちのように、挨拶ができたり、お友達と仲良く遊んだり、一生懸命に本気で取り組んで成長してほしいと、将来の成長を重ね合わせて入園を決めるのです。

いくら評判が良い園でも、在園の子どもたちの姿に疑問を感じるようでは、当然入園してはくれません。また、子どもたちの姿はとても良いとしても、評判が悪ければ、そもそも園に足を運ばないかもしれませんし、足を運んでくれたとしても、評判が悪いのには何か別の問題があるのだろうかと、引っかかる気持ちになるかもしれません。

園児がいて初めて成り立つのが私立園。

それを支えるのは、目指す教育・保育理念、教育・保育目標、教育・保育方針が形となった園児の成長した姿。

そして、それが評判となり次の信用を生み出し、園児数として反映される。

２職員の安定と採用問題

園児の成長を引き出すのが「職員」です。いくら良い理念、目標、方針があっても、そこに職員がいなければ実践できません。また、職員はいても、毎年入れ替わりが激しいとあっては、結果を安定的に出すことは容易なことではありません。もちろん私は、全員が新人で素晴らしい結果を出した園をたくさん見てきました。しかし〝評判の維持〟という観点で考えれば、仮の話ですが、「毎年、素晴らしい結果が出る。だけど毎年全員が、または半数以上の先生方が退職してしまう。何か問題があるのではないか？」と保護者が考えるのは不思議ではないと思います。まずは、職員にとって幸せな、誇れる職場にし、職員の安定、つまりは離職率の低下という結果を出していくのです。

まずは、職員が安定して働けることが、子どもの成長に繋がり、園の評判へと繋がっていきます。その点がクリアされれば、採用問題も同時に解決します。離職が少なければ、大人数の採用活動を行う必要も無いわけです。採用活動を詳しく書くには紙幅が足りませんが、要点だけまとめてお伝えします。

●**職員にとって幸せな職場にする**……これまで述べてきたことを実現させ、幸せな職場づくりを追求する。

●**採用プロジェクトを立ち上げる**……採用は、保育をしながら並行して行えるものではない。採用プロジェクトメンバーを選定する。

●**養成校回り**……定期的に年に数回足を運び、学校とのパイプをつくる（卒業生同行）。

●**就職説明会の開催**……園で行う、協会で行う、養成校で行わせてもらう、などがある。

●**学生とのコンタクトの多様化**……園ホームページ・採用サイトへの掲載、ＳＮＳの活用、リモートでの質疑応答などを通して、学生と繋がる場所を多様化させる。

●採用から育成へ……採用したら、どのように育成・支援するか、時代の流れに合わせてアップデートしていく。園児募集も職員採用も、人を集める努力ではなく、人が集まる場所にすることが大切。

そこで最後に、もう1点お伝えさせてください。これもかなり重要で、これまた本一冊になるほどなのですが、内容を凝縮してお伝えします。

3 小さなNo・1

これは数年前から、園に提案してきた考え方です。ITの進化に伴い、現在は日々接する情報が、10年前より桁違いに増加しています。新聞、ラジオ、テレビ、口コミから、インターネットによるメール、ホームページ、更にSNSへ。これだけ情報が時間単位、分単位、秒単位で飛び交うと、一つの情報をじっくり考察・検証することを面倒だと思ってしまう人がいるかもしれません。言い換えると、じっくり聞かないと意味がわからないと思われたら、その時点でシャットダウンされてしまうのです。

それを解決するのが、〝小さなNo・1〟という考え方です。これまで述べてきた、園の教育・保育理念、教育・保育目標、教育・保育方針を、一つのキーワードで表現したら、どんな言葉になるか？　そして、他園とは圧倒的に違うNo・1になるものは何か？と考えてみる。そのキーワードは、職員だけではなく、保護者からも支持される圧倒的な特徴です。

●共に育つ〇〇幼稚園
●ほめ育で子どもも大人も輝く〇〇保育園
●笑顔育む！〇〇こども園

こんな視点をもって言葉を選び、オリジナルの〝小さなNo・1〟を見つけ、打ち出すと、それに引きつけられて、人が集まってくるのです。評判園には必ず、この〝小さなNo・1〟のキーワードがあります。たった一言で表現される自園の魅力には力強さがあり、未来の職員をも惹きつけるのです。

どうぞ、〝小さなNo・1〟を見つけだして活用してください。

第二章

立場の違い、それぞれの役割

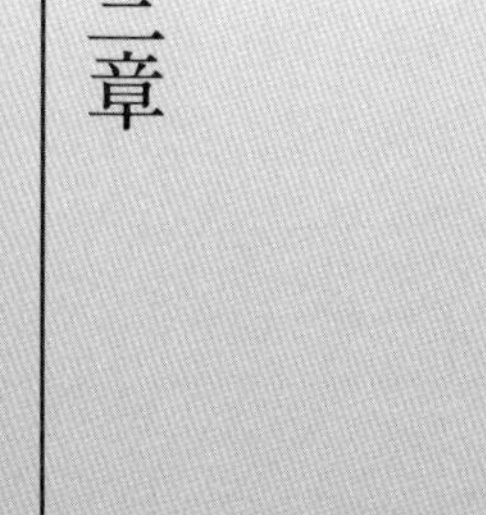

POINT

リーダーの職務を全うするためには、まず園で働く人全員の立場と役割の違いを理解しなければなりません。第三章を通して、自分の置かれた場所を理解できると、おのずとその役割が見えてきます。

◆ ◆ ◆

・園長、主任・リーダー、職員の立場と役割

・結果の責任を取るのは園長

・リーダーの言い方一つで職員が伸びる

・リーダー自身もステップアップできる

◆ ◆ ◆

リーダーは、言ってみれば〝中間管理職〟のようなもの。しんどい立場だと感じることもあるかもしれませんが、自分自身の成長が後輩のみならず園の成長にもつながると思えば、実にやりがいのある立場でもあるのです。

1、それぞれの立場と役割の違い

園には、それぞれの立場があります。まずは立場の違いから説明していきます。

1 園長

私立園には独自性があることは何度もお伝えしてきました。その独自性は、園長の考え方である教育・保育理念、教育・保育目標、教育・保育方針です。園長の立場とは、最高責任者・最終責任者という立場です。何かが起きた時、最終的に責任を取るのが園長です。ですから、同時に役割があります。それは、最終決定をするという役割です。最終決定をするから、責任が伴うわけです。

では、園長は、常に正しい決定ができるのか？　そんなことはありません。園長も、企業の社長も、国のトップの方も、常に考え続け、何度も考え直し、今、一番良いと思っていることを決定し、自ら決定したから自ら責任を取るのです。日々、最も良い決定をしようと情報を集め、後ほど「仕事のルール」の項でもお伝えしますが、職員からの報告を元に、日々、小さな決定から大きな決定までを繰り返しているのです。

園長が正しい決定を行うためにも、職員には実行の責任と正確な報告の義務が生まれるのです。

園長（トップ）の立場と役割＝最高（最終）責任者＝最終決定者

2 主任・学年主任・リーダー

では、主任・学年主任・リーダーの方々の立場と役割は何か？　私は、「園長の考え方を最も理解し、それを自分の言葉で職員に伝え、職員のやる気と可能性を引き出し、職員の成長を加速させ、子どもの成長に繋げる人」と考えています。

まずは、園長の考え方を最も理解しているということが大切になります。ですから、朝礼、昼礼、終礼、職員会議などで、園長の考えを、目を輝かせて聞き、理解していく必要があります。そして、何度も何度もディスカッションを重ね、本当の理解へと日々近づけ、自分の中に取り込み、それを自分の言葉として伝えていくのです。その言葉が、職員の更なる理解をあと押しして、やる気と可能性を引き出します。もしも、主任・学年主任・リーダーが、単に園長の言葉をそのまま伝えるだけで、自分の言葉になっていなければ、職員の心も動かないと思います。

職員は園長からの言葉でやる気になり、主任・学年主任・リーダーの言葉で、そのやる気が更に加速していくのです。

3 職員

では、職員の立場と役割はというと、「実践者」です。ただし、それは言われたことだけをするのではなく、

● どうすれば子どもがもっとやる気になり、もっと成長するか
● どうすれば保護者がもっと喜んでくれるか
● どうすれば少しでも効率良く仕事ができるか
● どうすればもっと良い職場になるか

こんなことを、教育・保育理念、教育・保育目標、教育・保育方針に込められた園長の

考え方を基に、自ら考え、工夫し、改善していく実践者になるのです。保護者の誰もが、園長が担任にならないことはわかっています。実際に教育・保育をしてくれるのは、職員です。園長が保護者と交わした約束を実行するのは、職員なのです。

忘れてはならないのは、実行にも責任が伴うということです。そして、実行したことは必ず報告をするという義務（役割）があります。

そのためにも、「仕事のルー

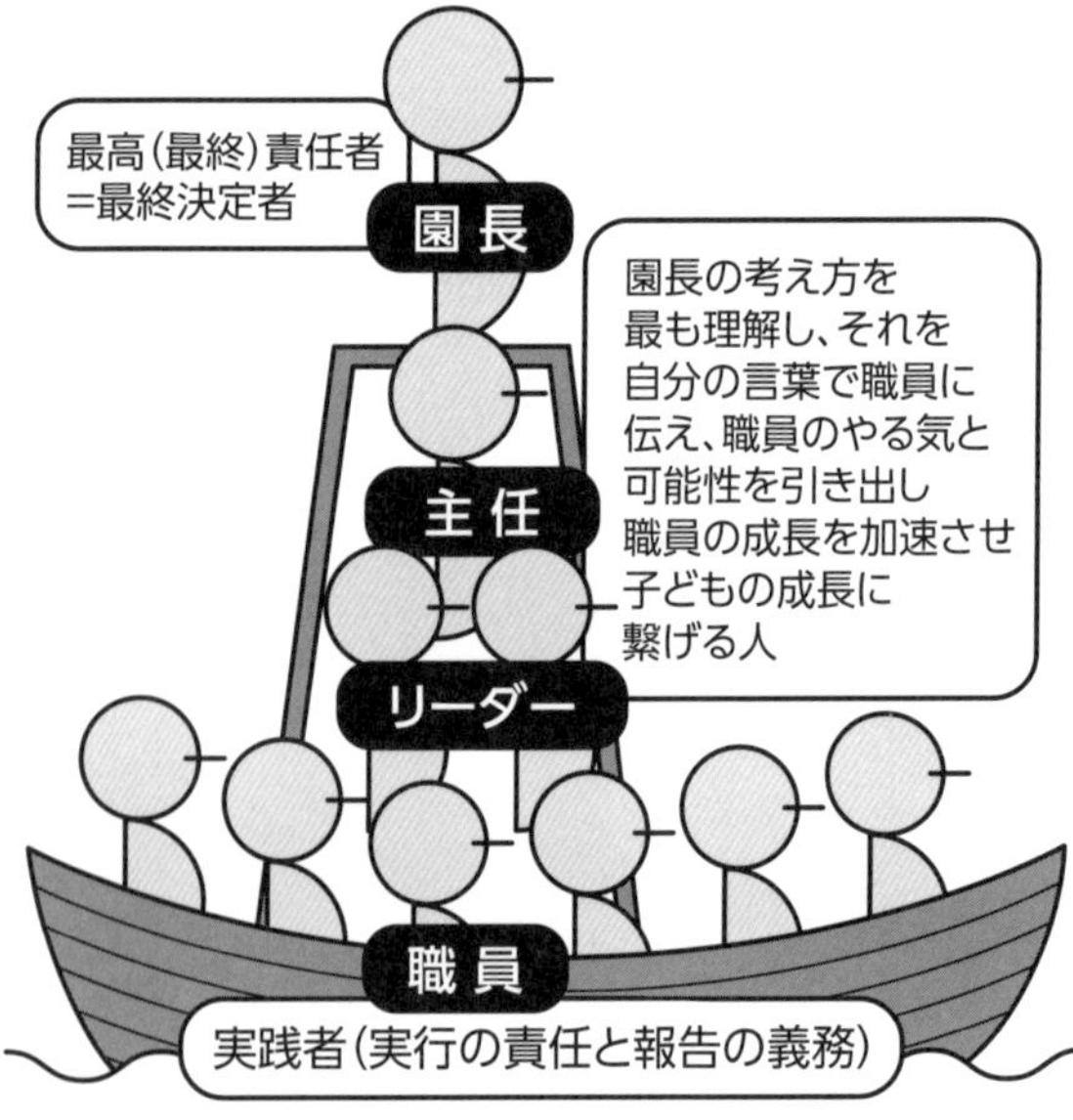

ル」や、「仕事のステップアップ」を知らなければなりません。

2、仕事のルールとステップアップ

1 仕事のルール

まずは仕事のルールからお伝えしていきます。これも拙著『教えて！保育者に求められる100の常識』を併せてお読みいただければ幸いです。

指示は、最高（最終）責任者である園長から発信されます。

それを、主任・学年主任・リーダーが受け継ぎ、職員へ指示します。指示されたことは、確実に実行する責任があります。実行すれば結果が出ます。当然ながら、指示通りに実行し結果が出れば、その結果責任は園長にあります。例えば、指示通りに実行したにもかかわらず、とても悪い結果になってしまった。しかし、実行は、指示通りなのです。その時に「やった本人が悪い」とならないことは想像できると思います。必ずや、園長が責任を取るのです。

だからこそ、確実に理解し、全力で実行してほしいのです。しかし、最初から良い結果が出るとわかっていることばかりではありません。だから、報告をするのです。更に大切なことは、悪い知らせほど最優先で、ありのまま報告する習慣をつけるということです。弊社でも、「理解し実行したにもかかわらずクレームが出たこと自体は一切咎めない。しかし、クレームの無報告は厳しく罰する」というルールがあります。そして、社長は報告を聞き、自分の決定が正しかったか間違っていたかを日々判断し、もっと良い決定を行い、改めて指示を出すのです。

これが、仕事の大切なルールです。

更に付け加えます。仕事のルールを実行していく中で、主任・学年主任・リーダーに

とって大切な心得があります。それは、
良い結果は、実行した職員のお手柄
悪い結果は、指示をした人の責任
仮に、指示した内容と違う行動をしたとしても

良い結果は、そもそも指示が明確で、素晴らしい決断がなされていたのです。しかし、人を育てるには、責任を全うして実際に行動した職員をほめるのです。特に、結果だけでほめるのではなく、そのプロセスや思い、その人の工夫などに焦点を当てると更に次に繋がります。

逆に、悪い結果の場合、絶対に職員を責めてはいけません。指示通りに実行していたとすれば、そもそも決定した内容や指示そのものが間違っていたのですから。だから上に報告を上げて修正をしていくのです。仮に、職員の理解が間違っていて、実行する内容を間違ったとしても責めてはいけません。なぜなら、結果が悪いことや、間違った理解で行った行動そのものを指摘してしまうと、本当に言われたことしか実行しなくなっ

てしまうからです。

そんな時は、「一生懸命やってくれてありがとう。でも、私の伝え方が悪かったようで、申し訳ないです。それは、こうではなく、このようにやってほしいの。今度は、このようにやってみて」といった視点で言うのが良く、場面に合った内容で応用してみてください。

2 仕事のステップアップ

では、実際に仕事を通じて、どんな考え方でステップアップしていけば良いのでしょうか。ここでは実際の業務内容、保育内容ではなく、全体を通じた基本的考え方をお伝えします。

●第一段階　当たり前のことを確実に行う

園の規則、決まり事、子どもに毎日伝えていること。こうした当たり前のことを確実にできることが、園に勤める全職員にとって非常に重要なこととなります。というのも、幼稚園・保育園・こども園が、この〝当たり前のこと〟を最初に学ぶ集団の場だからです。確実な実行を、前述した一流、超一流まで高めていきます。

更に、これは、経験が増せばますほど、重要になっていきます。

●自分から挨拶しよう
●何かあったら相談しよう
●悪い知らせは一番に報告しよう
●できないかもしれないけど挑戦、まずやってみよう

これらのことを主任・学年主任・リーダー自らがやっていますか？　ここでもう一度、一流の定義を復習しておきましょう。

三流は、言われてもできない
二流は、言われればできる
一流は、言われなくてもできる
超一流は、誰も見ていなくてもできる

「当たり前のことを確実に行う」「当たり前のことを当たり前以上に行い磨きをかける」
——これが仕事の最初のステップであり、永遠に大切にする基礎基本です。

●第二段階　自ら進んで行動する

子育て、保育、教育の最大の目的は?と問われたら、私は「自立」と伝えてきました。拙著『子どもが自分で伸びていく6つの習慣』でも、自分で自分のことを行っていくことが、その子の成長に繋がっていくと書かせていただきましたが、それは、仕事のステップ、職員の成長でも同じことだと思います。つまり、言われてするのではなく〝自ら動き、更に〝自ら進んで〟行動していくことが重要なのです。

自らの意思で↓自ら進んで（積極的に）↓行動を起こす

こういう環境は、保育の中で、子どもたちに向けては自然につくっているはずです。しかし、大人になると、つい最後の行動だけが注目されがちです。しかしそれでは、極端な言い方ですが、仕事を通じた成長や、本人の意思があまり重要視されない〝作業〟のようになってしまい、職員は言われたことをただ実行するだけの形になっている場合もあります。
実は、その場面を実際に見たとしても、そんなに大きな違いは無いように見えます。しかし、そこに至るコミュニケーションの質は大きく違うのです。例を挙げて考えてみましょう。保育終了後、園内で研修があるという設定です。

〈行動だけを伝える〉

主任（S）「ひまわり組さんのお部屋に、長机6本と、パイプ椅子18脚出しておいて。わかった？」
2年目の職員（T）「はい、わかりました！」

〈自ら行動を促すコミュニケーション〉

S「今日は、八田先生の研修だね！ 全職員参加予定だよ！ さおり先生は掃除がいつも早いから、お願いしてもいい？」
T「はい、わかりました！」

S「どんな準備をするか、一応確認させてくれる？」

T「場所は、いつものように、ひまわり組さんで良いですか？

全職員なので18名分、長机と、パイプ椅子を出しておきます。

それから、園長先生用の椅子も、後ろの方に出しておきます。

八田先生が使う、ホワイトボードも必要ですね！

それは2階から降ろすので、まり先生にも声をかけて手伝ってもらいます。

八田先生のお水は、研修前に、事務のゆき先生にお願いしておきます！

これで大丈夫でしょうか？」

S「さおり先生、本当によく気づくのね〜。毎回、周りを良く見てるからだね、ありがとう！　じゃあお願いね。終わったら報告してね！」


ずいぶん違いますね。もし、このような会話の違いが、毎日何十回も積み上げられているとしたら、成長は大きく違います。もちろん、後者は、普段からこうした会話を意識してコミュニケーションを積み上げてきたから、自然にこのような形になるのです。

せっかくなので、もう少しポイントを分析してみましょう。

T「はい、わかりました！」

これは、言葉の通り、説明を受けた内容がわかりました（その言葉、知っています）ということです。決して、できます！とは言っていません。しかし、その行動が間違った結果になると、

S「ちゃんと言ったわよね。わかりましたって……全然わかってないじゃない！もういい!!」

これでは、幼児とお母さんの会話みたいですね。

でも、2年目の職員は決して悪くありません。少し気が利かなかっただけです。いや、もう少し言うと、気がつくトレーニングを積んでいないと考えた方が良いと思います。

その鍵となるのが、後者の、主任による〝自ら行動を促すコミュニケーション〟です。

こんな風に言っていました。

S「今日は、八田先生の研修だね！　全職員参加予定だよ！　さおり先生は掃除がいつも早いから、お願いしてもいい？」

最初のアプローチから違いますね。まず「今日は、八田先生の研修だね」と言うことで、指示する側と、実際に行動を起こす側の頭の中に、共通の絵を描かせています。前者の会話は、ただ椅子と机を並べるというところから始まっているのに対して、後者では、並べる目的から入っています。そして「全職員参加予定だよ！」というヒントを出していきます。これは、後に続く、何をどれだけ出してほしいのか？という内容に繋がっていきます。

更に、「さおり先生は掃除がいつも早いから、お願いしてもいい？」と続けます。〝さおり先生は〟と、名前を出していますよね。つまり、行動する〝私〟がズームアップされます。誰でも良いわけではなく〝私〟なんだと。「掃除がいつも早いから」という、その人の良い部分と、頼む理由が、その後の自発性へと繋がっていきます。人は、頼りにされること、人の役に立つこと、相手を喜ばせることが最大の幸せなのです。

T「はい、わかりました！」

S「どんな準備をするか、一応確認させてくれる？」

後者では、「はい、わかりました！」を受けて、ここで確認に入ります。

ちなみに前者の会話では、最後に主任が「わかった？」と聞いていますね。ここを一言変えるだけで効果がある言葉もあります。それは「できる？」です。「わかった？」と聞けば「わかりました！」と答えるのは自然な流れです。でも「できる？」と聞かれれば、「は……はい。こうすればいいですよね？」と、行動を起こす内容を確認できたかもしれません。

後者では「確認させてくれる？」と繋げていきます。その後の答えは見事ですね。大切なのは、

自らの意思で↓自ら進んで（積極的に）↓行動を起こす
自ら行動を促すコミュニケーション

を意識しながら、コミュニケーションを積み上げてきた結果だということです。
これは、更に進めば、
T「今日は、八田先生の研修ですね。掃除が終わったら、私とまり先生で準備に入っていいですか？」

と、指示を受ける前に動き出す職員に育っていくと思います。
小さなコミュニケーションの違いが、大きな違いを生み出します。

●第三段階　自ら考え、工夫し、挑戦し、努力する

仕事を通じて成長していく。これは、子どもたちの教育でも同じです。体操を教えるのか、体操で教えるのかでは、全く違う意味になります。単に同じことを繰り返していてはなかなか成長に繋がりませんから、まずは自ら進んで行っていることを、もう少し前進させ、自ら考えることに繋げていきます。

この時、私が、自分でも注意をしていることがあります。それは、こちらの答えに相手の答えを合わせようとしないことです。つまり、こちらが正しい答えをもっていて、それに合わせていくようなコミュニケーションをとってしまうと、相手は間違ったらどうしようと思い、中には自分の意見を言えない職員も出てしまいます。また、その人の考えに対して判断をしないことも大切です。つまり、〝正しい・間違っている〟の答え合わせのようなコミュニケーションではなく、1＋1＜3になるようなコミュニケー

ションをすることで、誰もが自ら考えるという環境がつくられるのです。

人は、自分が言ったことに一番責任を感じるはずです。そこで、全職員が、自ら考えるようなコミュニケーションを行い、自分で考える習慣を積み上げ、身につけていきます。そして、実行する前に、小さな〝工夫〟を加えていく環境をつくっていきます。普段の仕事の中で、このようなトレーニングをしていくと、それが保育の中に活かされていきます。更に、いくつかの工夫が集まり、〝挑戦〟という領域に入っていきます。そんな工夫や挑戦を積み上げることを、〝努力〟というのだと思います。

もちろん、ただひたすら繰り返す努力も大切だと思いますが、それでは続きません。そうではなく、自ら考え、自分の意見が尊重され、仮にあまり良い考えでなくても否定されることなく、アドバイスをもらえ、小さな工夫を加え、挑戦し、努力を続け成長を実感する。これが第三段階です。

●第四段階　日々自己ベスト更新！

スポーツの世界でも、人に勝ち、金メダルをとることは素晴らしいことだと思います。

しかし、いくら金メダルをとったとしても、自分の記録が以前より下がっているのであれば、本当の満足を得ることはできないかもしれません。逆に、人に勝つことはできなかったが、自分のこれまでのベスト記録は更新できたとしたら、私はそれが次への原動力になると思っています。

私自身に言い聞かせ、実際に指導してきた子どもたちや、共に学んだ仲間や職員の方々にも伝えてきた考え方があります。それが、「昨日の自分を超える」です。

昨日の自分を超え、日々自己ベスト更新――この段階までくると、リーダーの仕事は、指導と言うより、支援、または応援となってきます。

●第五段階　人を喜ばせ、貢献する

最後は、「人を喜ばせ、貢献する」。これは、第四段階を終えてから考えることではありません。最初の段階からここを目指し、第一段階～第四段階を日々繰り返す、そんなイメージです。

仕事は何のためにするのか？
それは
人を喜ばせるため
世の中に貢献するため

おそらくこれは、日本中、世界中、業種・業界を飛び越えた究極の考え方だと思います。私たちは、それを幼児教育を通じて行っているのです。

人を喜ばせるため
世の中に貢献するため
そのために
当たり前のことを確実に行っていこう
自ら進んで行動しよう
更に、自ら考え、工夫し、挑戦し、努力し

日々自己ベストを更新しよう
そして、もっと人を喜ばそう

いかがですか？　仕事のステップアップがワクワクしてきませんか？　これを研修で伝えると、参加された職員の方々はやる気が湧いてきて、今にも動き出そうとします。

そして、決まりやルールを守る意味なども、より理解していただけます。

では、こんな環境をつくり出す、リーダーシップ、リーダーに必要なマインドについて、次の章で説明していきます。

第四章

リーダーに必要な三つのマインド

POINT

「主任の指示は的確で、仕事がやりやすい」「あのリーダーと仕事をすると、自分も役に立っていると実感させてもらえて誇らしくなる」――後輩や部下から、そんな風に言われたいと思いませんか？

第四章では、リーダーに身につけてほしい三つのマインドをお伝えします。

◆　◆　◆

・最倖のプラス思考をしよう
（最初の反応が結論へと繋がる）

・一人ひとり違うことを知ろう
（相手を理解し、〝刺さる言葉〟を用いる）

・ほめ育マインドをもとう
（ほめる基準をもち、長所に目を向ける）

◆　◆　◆

信頼されるリーダーは、相手からも嬉しい言葉をもらえて自尊感が高まります。自分をほめてやれる人こそが、相手を上手にほめられるのです。

リーダーに必要なマインドを、今回は三つお伝えします。とは言え、これはリーダーだけではなく、全職員に身につけてほしいと思っていることです。更には、子育てをしている保護者の方々にも身につけてほしい究極のポイントだと思っています。

一つひとつできるだけシンプルに、わかりやすくお伝えしていきます。

1、最倖のプラス思考

研修会や講演会の中で、「自分はプラス思考だと思う人？　では、自分はマイナス思考だと思う人？」――このように質問すると、園や会場、または地域にもよりますが、大体半々に分かれるか、ややマイナス思考の方に多く手が挙がります。続けて、「では、自分は素直な人だと思う人？　自分は頑固な人だと思う人？」と聞くと、頑固な人の方に7割くらい手が挙がります。よく考えると、本当に頑固だったら手は挙げないので、実は〝素直〟な人だと思うのですが（笑）。

この質問をしたあとに、次のように伝えると、確かにそうだという顔をされます。

「今のは全て、本人の思い込み、勘違いです。ただ、皆さんが小さい時、1歳の時は全員プラス思考でした。例えば、つかまり立ちから、2本の足で立つ時、更に歩くことを習得する時、誰も諦めませんでした。『僕は向いてない』『私には無理』と諦めていたら、今もハイハイだったかもしれませんね」

もちろん、プラス思考が全て良く、マイナス思考が良くないと言っているわけではありません。ただ、教育や人財育成においては、特に幼稚園・保育園・こども園では、プラス思考の方が良いと私は思っています。

ところで、本書の中で私があえて、〝最倖〟という当て字を使っていることにはお気づきですよね。最高の〝高〟ではなく、最も幸せという意味、更に、人と人とが一緒に幸せになると考えて、人偏を付けた〝倖せ〟を選びました。この当て字が私の〝最倖〟のプラス思考です。


実は私は、ＪＡＤＡ協会認定のＳＢＴ（スーパー・ブレイン・トレーニング）１級という資格を所有しています。色々なノウハウはあるのですが、シンプルに表現しながら、私が学んできたプラス思考・マイナス思考に関するポイントを、いくつかご紹介しましょう。

まずは、感情が振り子になっていると思ってください。振り子ですから、右にも左にも同じ大きさで振れます。右がプラス、左がマイナスです。すなわち、プラス思考もマイナス思考も、全員が両方もっているのです。では、なぜ保育者にはプラス思考が必要か。それは、

最初の反応＝結論へと繋がる

からです。つまり、最初に「できる」と思ったことは、できるというゴール・結論に向かって動き始める。最初に「できない」と思ったことは、できないという結論に向かっている。これは、有名な「ピグマリオン効果」に通ずる考え方です。

ピグマリオン効果とは、アメリカの教育心理学者、ローゼンタールが発表した心理学用語です。実験では、教師が期待をかけた生徒とそうでない生徒では成績の伸びに明らかな違いが見られたといいます。このことから、他者からの期待値がその後の成長を決

定づける大きな要因の一つになると考えられています。

さて、もしもリーダーがマイナス思考だったら、職員に対して、こんなふうな考え方をすることが想像できます。

「この先生は、何度言ってもできない！　どうすればいいの？」

この「どうすればいいの？」には、残念ですが、アイデアは浮かばないと思います。理由は、最初に「できない！」と、考える回路をシャットアウトしてしまっているからです。もしかしたら、浮かんでくるのは言い訳かもしれません。それは、自分の最初の考え方「できない」を肯定するためのものでしょう。

では、今度は、最初の反応＝プラス思考で考えてみます。

「この先生は必ず成長するはず！　でも、今は壁にぶつかっている。では、どうすればいいの？」

この先生は必ず成長するはず！（振り子がプラスへ）

でも、今は壁にぶつかっている。（振り子がマイナスへ）

では、どうすればいいの？（振り子がプラスへ）

「最初の反応＝結論へと繋がる」ことがわかりますよね。最初の反応をプラス思考にすると、結果（結論）が出るまで、アイデアが出続ける可能性が高くなります。

最初の反応をプラス思考にするためのキーワードが「姿勢・表情・言葉」です。これは、順番が大切です。まず姿勢を整え、次に表情を明るく笑顔に、最後に思考・言葉です。実はこれ、保育の中で無意識に行っているのです。例えば、「さあ、みんな！　運動会本番だよ～。準備はいい？　運動会、頑張るぞ～!!」「お～！」の場合、①まず姿勢を良くし、やる気になる構えをし、②子どもたちと目を合わせ、目の輝きを確認し、③大きな声で良い言葉を発していますよね。非常にシンプルで、日々当たり前のようにやっていることですが、これが本質なのです。ぜひ理論も理解して、プラス思考を身につけてください。

2、一人ひとり違うことを知る

リーダーに必要なマインドの二つ目は、「一人ひとり違う」ことを心に留めるということです。
人が望むほめ方には3タイプあるのです。それは、
いつでもほめてタイプ
よく見てほめてタイプ
とりあえずほめてタイプ
それぞれのタイプを簡単に説明しましょう。

●いつでもほめてタイプ

特徴は、人の繋がりをとても大切にするところ。人の考えや相手の気持ち、形の無いものを大切にし、相手軸で考え、みんなに喜んでもらいたい、一緒に進んでいきたいと考えています。自分自身は、いつでもほめてほしい、みんなにほめてほしい、いい人でありたいと考えるタイプです。

人から好かれたい／自分も人に好意を示したい／行動する時は理由を確認したい／口癖は「一緒に」「わかるわかる～」「聞いてよ～」など

●よく見てほめてタイプ

特徴は、現実的に自分軸を大切にするところ。自分で考え、自分のペースを守り、自分のやり方で行動したい。現実的で形があるものを大切にし、しっかりと動きたいと考えるタイプです。また、自分をしっかりほめてほしい、よく見てほめてほしい、しっかりした人でありたいと考えます。

自分のペースを大切にしたい／現実的、具体的に考えたい／しっかり評価されたい／口癖は「具体的に」「以上」「意見を言っていいですか」「言ってください」など

●とりあえずほめてタイプ

特徴は、誰からも束縛されずに、自分の思うように自由に動くことを大切にし、同時に、周りからもそのことを大切にされたいと考えるところ。言動や感情の変化が大きいですが、今の自分の気分やイメージが大切で、いつも輝いていたい、自分らしく動きたいと考えるタイプです。

結果より今の気分が大切／思いたったら即行動／ヒーローやヒロインのように中心で

ありたい／口癖は「すごい」「さすが」「とりあえず」などで、擬音も多い

大切なのは、一人ひとり違うということを理解することであり、どのタイプが良いとか悪いとかではありません。そのためには、まずは自分のことを知ることが大切です。自分を知り、相手を知るということです。

先ほどのプラス思考・マイナス思考と同じように、これらの三つのタイプは、特徴はありますが、いずれも全員がもっていると思ってください。ただ、特徴としてどれかが強く出たり、時には場面場面で変わったりすることもあると考えてください。大切なのは、「自分と相手は違う！」ということです。これが理解できると、心が非常に軽くなります。

更に、各タイプの特徴を、職員とリーダーに分けて分析していきましょう。

●いつでもほめてタイプの〈職員〉

とても優しいタイプで、どちらかと言えばＮＯが言えません。モチベーション維持の

源は、人の繋がり、信頼関係です。いつも見てくれている、気にかけてくれる――その安心で力が発揮できます。世のため、人のため、みんなで一緒に！などが感じ取れると、やる気も倍増します。

●いつでもほめてタイプの〈リーダー〉

面倒見がよく、愛情たっぷりに人に接します。少しおせっかいなくらい、人の繋がりを大切にします。仕事面では、どちらかと言えば自分で抱え込んでしまったり、話が一から始まって無駄が多くなる場合もあります。認めてあげたい！認められたい！――これがやる気の源になります。

●よく見てほめてタイプの〈職員〉

とてもしっかりしたタイプで、自分のペースを大切にします。時間や計画、そして自分らしさを大切にします。また、ギブ＆テイクの考えで、「これをすると、これが得られる」と納得すると力を発揮します。頑固になる時もありますが、自分で行う楽しさが実感できるとやる気が上がります。

●よく見てほめてタイプの〈リーダー〉

計画や段取りが上手で、最後までしっかりと実行していくタイプです。言いたいことをはっきり言い、自分の意見を言うところからコミュニケーションが始まります。やると決めたら、やり通したいので、無理をしてしまう場面も時々あります。

●とりあえずほめてタイプの〈職員〉

明るく元気いっぱいなタイプです。喜怒哀楽がやや激しく、気分次第なところもあります。自分のイメージ・世界観・気分次第で、モチベーションが上がったり下がったりします。正しいことより、自分らしく自由に動くことで、やる気が倍増します。少しムラがあるのも特徴です。

●とりあえずほめてタイプの〈リーダー〉

どんどん任せることで、人のやる気を引き出していきます。このタイプは、自分も管理されず自由に動きたいので、人にも自由に仕事を与えたいと思っています。細かいことより可能性を大切にし、まずやってみよう！やらせてみよう！という環境を好みます。

前述したように、これらは、どの人にも少なからずある傾向です。そのどれが強く出ているかを理解することです。

また、立場や場面によっても変わることがあるかもしれません。例えば、職場では「いつでもほめてタイプ」の人間関係を重視している職員が、家庭に帰り、わが子と向き合うと、「よく見てほめてタイプ」が強く出るなど。人の感情や性格は非常に複雑ですし、日々変化していきます。しかし、違いがあるのだということを理解できると、「どうして、私が言いたいことがわかってくれないの」とならず、「どうすれば、あの先生が理解できるか？」という視点になると思います。

「今、私は、どの状態で話そうとしているか？　そして相手は、どの視点で話すとやる気が上がるか？」——この視点を大切にしてください。

3、ほめ育マインド

各人の個性を理解した上で、三つ目は、ほめ育についてお伝えしていきます。
「ほめ育」と聞いて何をイメージしますか？　おそらく全員が〝ほめて育てる〟とか〝ほめること〟と言うでしょう。しかし、ほめ育を考え実践し、海外にも広げた一般財団法人ほめ育財団の原邦雄代表理事は、講演や研修時、更に全ての著書でこう言います。

ほめる ≠ ほめ育

ほめるとほめ育は違います。似て非なるものです。

私も最初に伺った時は〝？〟でした。ほめ育なのに、ほめないの？と。
「ほめるの語源は〝誉む〟です。誉むの意味は〝人の幸福や繁栄を祈ること〟です。全ての人は誰しも、その人しかもっていない、かけがえのない長所をもっています。その人が、役割を与えられて生まれてきました。長所と役割はセットなのです。その長所を徹底的に伸ばしてあげる、それが『ほめ育』です」

心の底から納得しました。詳しいことは、原邦雄さんとの共著『最上のほめ方』や、私立園の実践記録『たった1年で園がハッピーになる！　奇跡の「ほめ育」改革』などを読んでいただくとして、ここではリーダーに必要なほめ育マインドの3大ポイントについてお伝えします。

1 基準が大切

ほめると、ほめ育は違います。鍵は「何をもってほめるのか？　何をもってほめないのか？」の基準を明確にすることです。いかがです？　これを読んで、そうか！と思えますか？　つまり、各園には、各園のほめる基準がある！ということです。

極端な例を挙げて、具体的に説明しましょう。

A園「話は最後まで聞く。ただし、わからないことは、手を挙げて質問をしましょう」

B園「わからないことはそのままにせず、その場ですぐに聞くようにしましょう」

A園とB園で、保育の中で子どもたちに伝えている大切な基準があると思ってください。どちらが良いということではありません。それぞれの場面で、先生が説明している途中に子どもが「先生、それは○○ということですか？」と、話に割り込んで質問したところをイメージしてください。

A園の先生「お話は最後まで聞くお約束だよね。最後まで聞いてからにしましょう」

B園の先生「疑問に思ったことを積極的に発言できて、素晴らしいと思います」

さて、何が違うのでしょうか？　それは、求めているゴール、基準が違うのです。

私立園には独自性があります。園が大切にする教育・保育理念、教育・保育目標、教育・保育方針、フィロソフィー（哲学・考え方）があります。そのゴールに向かっている言動であればほめる。そうでなければ、指導・支援し修正していくのです。だから、教育の育という字がついて「ほめ育」なのです。この基準を明確にすることが、リーダーがほめ育を実践する上で最も大切な要素になります。

2 プラス焦点

二つ目は、プラスに焦点を当てるということ。人にはかけがえのない長所があり、その人は役割を与えられて生まれてきたとお伝えしました。更に、その職員がこの園にいるということは、その職員の長所と役割が、この園に必要だと思われたから採用されたのです。そのもって生まれた長所と役割、更に園が大切にする基準をベースに、人物や出来事のプラス面を見ていくのが〝プラス焦点〟です。

人間には長所も短所もあります。例えば、積極性があるという長所は、あまり考えずすぐに動いてしまうという短所にも変わります。逆に、慎重でなかなか動こうとしないという短所には、じっくり考えて動けるタイプという長所が隠れています。必ず両面が存在していると考えます。その中で、この園が更に良い成果を出すために、それぞれの職員の長所はどこだろうとプラスに焦点を当てていくのです。

もちろん、「あなたの長所は？」と確認することも重要です。しかし、私は長所を、もう1段階引き上げて強みと表現しています。私なりの強みの定義は〝長所を飛び越え、すでに無意識でしているのだけれど、他を圧倒する特徴〟です。つまり、本当の強烈な長所（強み）は、本人は無自覚で、そんなの当たり前と思っている場合があるのです。

これについて、私の例で紹介します。

まだ、研修や講演が100回に達する以前のことです。どちらかと言えば私は、人前で話すことはあまり得意ではありませんでした。話すことよりも、何か違うことの方が向いているのではないかという思いがありました。ですから、講演が年間200回を超えるようになると、なぜ依頼してくれるのだろう?と、素朴な疑問が湧いてきたのです。そこで、何人かの園長先生に「どうして私に頼んでいただけるのですか?」と聞いてみました。すると、「八田先生の話は元気がもらえる!」が一番多かったのです。

最初は「えっ? 元気を人からもらう? 元気は自分で出すものでは……」と、そんな風に感じました。でも、それがきっかけで、モチベーションについて本格的に学ぼうと思ったのです。というのも、自分が自分で行っているモチベーションアップの方法は、あまりにも自然に行っていて、理屈を問われても「元気くらい自分次第でしょ!」で終わってしまっていたからです。つまり、私自身にある〝プラス思考〟は、本人の中では長所とも強みとも思っておらず、みんなそうだろうと思い込んでいたのです。

次に多かった答えは「話がわかりやすい」でした。正直、これは、私が難しい言葉をあまり知らないだけかもしれませんが、やはり幼児体育の現場で磨かれた表現なのだろうと思います。しかも、同時に私は、話すのは苦手と思っています。これをプラス焦点で考えると、「苦手なのだから、相手には伝わりにくいはずだ。だったら、少しでもわかりやすく話そう。毎日、3歳、4歳、5歳の体操で言葉の種類を変えたのと同じことを、今度は園ごとに、あるいは年代ごとに合わせてやってみよう」となり、実行したのです。そして数年後、「それが圧倒的な長所（強み）だ」と言葉をいただいて、自信になりました。まさに無自覚で行っていたことや、短所だと思っていたことが、いつしか長所に変わっていたのです。

そこでリーダーには、本人以上に、その人のかけがいのない長所にプラス焦点を当ててほしいのです。同時に、その人が今、何を大切にしているのかを知ることも大切です。本人の長所・強み、大切にしていることを理解し、園発展に繋がる基準に基づき、本人の成長に繋げていくのです。

③成長を加速させる

「基準が大切」と「プラス焦点」。リーダーとしてこれらが実践できてくると、相手も成長していきます。ただし、成長を実感しても、何もしなければ、そこで停滞してしまうかもしれません。そこで成長を加速させることが大切です。その方法が、期待してあげることです。人は、人に期待され頼られると、すごい力を発揮します。

そんな場面で役立つのが、ほめ育財団が作成している「ほめシート」です。小ぶりでとてもシンプルですが、非常に奥が深い一枚だと私は高く評価しています。期待していることの中身を、来月クリアしてほしいこと、将来的にこうなってほしいことなどと明確にし、文字で記入します。それをお互いに共有したり、みんなの

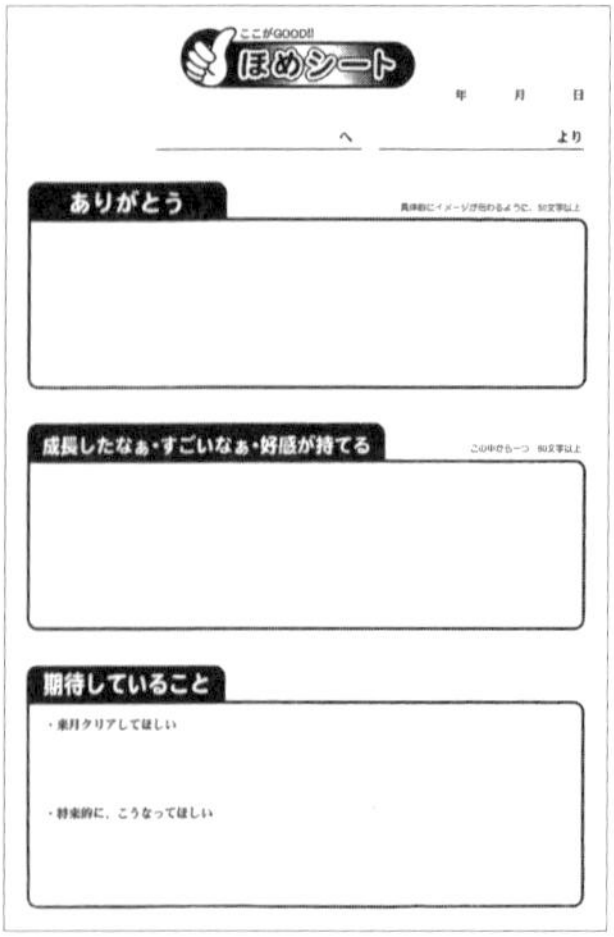

前で発表したり、掲示したりすると、成長速度が一層増すのです。ぜひ、各園で実践してみてください。心が温かく、時に熱くなって動き出したくなってきます。

4 人は自分をほめられる程度にしか人をほめられない

シャンパンタワーをイメージしてください。一番上のグラスが自分の心の状態、注がれるシャンパンが、ほめる言葉、自己肯定感だと思ってください。もしも、一番上の自分のグラスが満たされず、他の人のグラスを満たそうとしたら、どうなりますか？　当然、自分が枯渇して苦しくなりますね。まずは自分の心を自分で満たしていくことが大切です。つまりは、自分を認め、自分を承認し、自分の可能性を信じるということです。

具体的に、園のリーダーとして考えてみましょう。

- 私は、憧れの幼児教育をしている
- 大好きな園で、誇れる園長、誇れる仲間と仕事ができている
- こんな私に、大切なリーダーの役割を任せていただき、本当に嬉しく誇らしい
- 不十分かもしれないけれど精一杯頑張って成長しよう

●不十分なところは、みんなが助けてくれる。大丈夫、絶対良くなる！

こんな風に自分の心が満たされていれば、グラスからシャンパンがこぼれ落ち、それが周りの人を認めよう、可能性を信じよう、ほめよう！と思え、行動に繋がっていくのです。自分が枯渇していて、「もっと私を見て」「もっと私を認めて」「もっとわかって」となっている状態での言動は、成長や発展へと繋がりません。自分のことを大切にし、そして相手のことを大切にするのです。自分をほめられない人は相手をほめることもできません。

この時にも活躍してくれるのが、先ほどの「ほめシート」です。これは、「書く」「渡す」と言う行動が伴うので、言葉を大切に記していきます。実は、脳は、人称認識ができないと言われています。相手の良いところを書いているのですが、自分が言われているように感じてしまうのです。相手に書きながら、自分が認められた、承認されたと感じるのです。更に、ほめシートを手渡すことでお互いが満たされていきます。実際の研修では、みんなの前で手渡してもらいますが、実はそれを見て聞いている周りの人まで、心が満たされていくのです。実感していただきたいです。

第五章

リーダーの役割

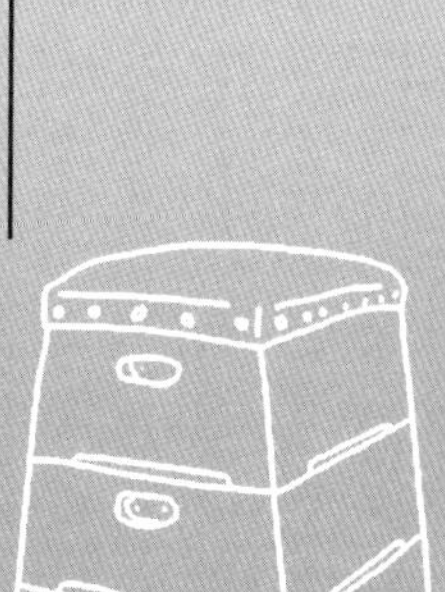

POINT

前章でお伝えした三つのマインドを身につけたら、いよいよ実践です。第五章では、リーダーが果たすべき役割について、十カ条にして具体的に述べていきます。

◆　◆　◆

第一条　目標を明確に示す

第二条　目標達成に向け
　　　　実現計画を共に立てる

第三条　目的を明確に示し伝える

第四条　率先垂範　自らがワクワク

第五条　誰にも負けない努力をする

第六条　人として正しいことを
　　　　判断基準にする

第七条　どんな困難に遭遇しても
　　　　決して諦めない

第八条　愛情と思いやりをもって接する

第九条　人をやる気にさせ続ける

第十条　楽観的現実思考と現実的楽観思考

◆　◆　◆

頭で理解しただけでは意味がありません。実践あるのみです。

1、誰もが自分の人生のリーダーに

第三章で述べたように、園内には立場と役割があります。それが明確でなければ、組織は機能しません。しかし、リーダーシップ力は、リーダーだけに必要な力ではなく、私は全職員に必要だと思っています。このことは「はじめに」にも書きました。

全員にそれぞれの人生があるにもかかわらず、「自分の人生は、誰かがリーダーシップを発揮して引っ張ってくれる！」――もしかしたら、そんな風に思っている人もいるかもしれません。しかし、私が親なら、そんな先生には子どもを預けたくないし、わが子には、そんな風になってほしいとは思いません。全員が、立場的なリーダーになれ、ということではありません。立場と役割をしっかり理解し、リーダーがリーダーシップを発揮し、更に、全職員が自分の立場と役割を理解し、自らの意思で動いていく。職員にもリーダーシップが必要だという意味です。

そこで、リーダーの役割を10項目でお伝えしていきます。これは、この本をお読みになっているリーダーの方々だけのスキルではなく、全職員、更には子どもたちにも噛み砕きながら伝え、身につけていってほしいと願っています。ぜひ、視点を広げてお読みください。

2、リーダーの役割十カ条

第一条　目標を明確に示す

結果・成果を出すためには、目標（ゴール）が必要です。例えばマラソンでも、「走ってください。とにかく走ってください。いつかゴールに着きます」と言われたら、誰も走り出さないか、もしくは、とりあえず適当に力を温存して惰性で走るのではないかと思います。

良いスタートを切るには目標（ゴール）、距離、道順（方向性）、開始時間、時間の規定、誰と走るか、過去の実例――これらが明確に示されていれば、動き出す心構え、準備ができると思います。時には、事前に不安や疑問を解消するために質問してくる人もいるでしょう。

明確にするのは目標です。新人・若手の経験が少ない職員の場合は、事細かに具体的な方法まで教える必要もあります。しかし今は、IT革命後で、実際にできるかできないかは別ですが、みんなある程度は情報をもっているため、具体的に示すべきは目標です。その目標を実現するための方法は、まずは職員自身に考えさせるようにしてください。

職員が自ら方法を考えるためにフォローが必要であったら、次の第二条、第三条と併せて読んでいただくと更に理解が深まります。

第二条　目標達成に向け実現計画を共に立てる

人が成長する時は、少しだけ高い目標にすると良いことは、先にも伝えました（43ページ）。そこで、あなたは明確な目標を与えたのですが、それがどうやれば達成できるのか、実行者がわからない場合があります。わからないから目標であることも事実です。その実現計画を共に立てるのです。私は、それをスモールステップと呼んでいます。これは、子どもの能力を引き出す時にも大切なステップです。

　わかりやすい例で示します。子どもたちが跳び箱8段を跳ぶのが目標だと思ってください。

「跳び箱8段！　ゆり組さん、全員で跳ぼうね！　それを発表会で発表しよう！」

まずこのように目標を明確に伝えます。更に、具体的な実現計画（スモールステップ）を示していきます。

「最初は、平均台を使って体を前に進ませる練習をするよ！」

「それが、しっかりできたお友達は3段の跳び箱を助走なしで跳び越してみよう！」

「それが上手になったお友達は1歩下がって、少し勢いをつけて4段を跳び越してみるよ」

「それができたら、少しずつ助走を伸ばして4段を10回連続跳べたら、5段挑戦のチャンスをあげます！」

「3回連続で5段を跳べたら、5段チームに上がれます」

　これを楽しく伝えたら、子どもたちがゲーム感覚でやる気に満ち溢れる姿が思い浮かびませんか？　これは子どもへの例ですが、大人も同様です。このような感覚で、職員の方々に目標を示し、共に実現計画を立てていきます。その際、職員一人ひとりの性格の違いや、大切にしていることの違い、能力、また、今後期待していることを考慮しながら、個別に対応していくことが大切です。前述した個性の違いを再掲しておきます。

●いつでもほめてタイプの〈職員〉

「一緒に」「喜んでもらいたい」がキーワードです。対話することで、様々な疑問がクリアになりますので、ゆっくり説明し、いつでも質問ができる環境づくりが必要です。

●よく見てほめてタイプの〈職員〉

「具体的に」「納得」「ギブ＆テイク（これをするとこうなる）」がキーワードです。自分のペースで、自分でやり方を決めて、自分らしく動ける環境づくりが必要です。

●とりあえずほめてタイプの〈職員〉

「ワクワク」「自由」がキーワードです。まずは思いっきり任せることも大切です。ただ時々、全然違う方向に行く場合もあります。そのバランスを見ながら、ワクワク、自由に動ける環境づくりが必要です。

第三条　目的を明確に示し伝える

目標とセットで重要なのが目的です。それは何のためにしているのか？という理由です。本来は目的が大切なのですが、最初から目的から入ってしまうと難しく感じる場合があるので、私は、明確な目標、実現計画、そして、目的を伝える！という順番にしています。

具体的な例で考えてみます。なぜ発表会の練習をしているのですか？

A「えっ？　もうすぐ発表会があるからです」

B「えっ？　発表会は年間行事で決まっていますし、子どもたちも大好きですし……。もちろん、保護者の方々にも喜んでほしいですし……。本音は……良い発表をしないと園長先生からも、保護者からも叱られるからです（苦笑）」

C「発表会を通じて伝えたいメッセージがあるからです。また、子どもたちがここで得た体験、更に自信。それを心に、立派な大人になってほしいと願って、その姿を思い描き練習をしています。その一つのゴールが発表会当日です。でも大切なのは、その前の過程であり、そのあとです」

私の言いたいことはおわかりだと思います。では、もう1例。あなたは何のために保育の仕事をしているのですか？

A「子どもが好きだからです」
B「憧れの仕事だからです」どちらも素晴らしいですね。でも、更に、
C「未来を背負う子どもたちを育成し、世の中を良くしたい！　それには、この園が一番だと思って、ここで保育をしています！」という答えだったら？

いかに、見えない目的が大切か理解できると思います。もちろん、目的だけでもだめです。明確な目標、実現計画、それを支える目的がセットであることが重要なのです。

第四条　率先垂範　自らがワクワク

リーダーにとって、そして保育者にとって、とても大切なことの一つが率先垂範《そっせんすいはん》です。自分が積極的に行動を起こしているか、ということです。例えば、自分から挨拶をしましょう。どんなことからも、誰からも、素直に学びましょう。失敗を恐れず挑戦しましょう。このようなことを、常々職員へ伝えているとしたら、自分は、その意識で実行が伴っているかということです。〝同じことをしましょう〟ということではありません。〝同じ意識、それ以上の意識でしましょう〟ということです。仲間や後輩は、そして、子どもや保護者は、とにかくよく見ています。園長が大切にしていること、職員に大切してほしいと願うことを、自らも実行していくことです。

同様に、ここまで述べてきた、自分が成長するための

・具体的な目標　・目標達成に向けた実現計画　・目的を明確にもつ

このようなことも、率先垂範で示していくことが大切です。

そして、その率先垂範を行う時に非常に重要なポイントが〝自らがワクワク〟していることです。つまり、日々大切にしていることや、具体的な目標・実現計画・目的意識

など が、〝心の底から本当にそう思う〟〝考えるだけでワクワクする〟という心の状態がとても重要です。リーダーがワクワクして率先垂範を行っていると、それは伝播して、職員へ、そして園全体へと影響を与えていきます。もちろん、それに加えて憧れ・誇り・信頼関係・同じ価値観を共有しているとなれば、影響は更に加速していきます。先ほどのシャンパンタワーの例（109ページ）でもお伝えしましたね。自らのワクワク感が伝播し、こぼれ落ち、みんなに広がっていくのです。

第五条　誰にも負けない努力をする

誰にも負けない努力をする――この言葉は、弊社社長の山下孝一から最初に聞き、その後、稲盛和夫・元盛和塾塾長から何度も伺った言葉です。今では私の座右の銘の一つになり、社内で、わが家で、そして研修では職員の方々に、更には園の子どもたちにもお伝えている大切な言葉です。第三章の仕事のステップアップ第四段階のところでもお伝えした「昨日の自分を超える」と併せて大切にしています。

誰にも負けない努力をし　昨日の自分を超える（1日1ミリ心の成長）――全職員が、

このような気持ちで行動できたら、素晴らしい。いや、絶対にそうあってほしいと願います。なぜなら、子どもたちは毎日、この状態だからです。子どもたちにとっては、幼稚園・保育園・こども園は初めての集団生活の場であり、親から離れる自立の第一歩の場です。しかも、園で行われることは毎日が新しいことへの挑戦です。そして、毎日毎日、少しずつ上手になっていきます。少しずつ昨日の自分を超えているのです。

だからこそ、保育者は率先垂範で、「誰にも負けない努力をし　昨日の自分を超える」を、自らの成長、子どものために行ってほしいのです。リーダーの方々が具体的な目標をもち、実現計画を立て、目的意識をもち、率先垂範で自らがワクワクしながら「誰にも負けない努力をし　昨日の自分を超える」を実践してください。

第六条　人として正しいことを判断基準にする

色々な場面で判断に迷うことがあります。仕事でも、日常生活においてもあります。そのような時の考え方として、人として正しいことを判断基準にすると心に決めておくと、判断の道標になります。特に、問題が起きた時、どちらかと言えば状態が悪い時に、それが心の支えとなります。

例えばですが、保護者や子どもに関することで何か問題が発覚したと想像してください。しかし、今これを知った職員が保護者に言わなければ、絶対に気づかれない。もし保護者に言えば、園に対して不満や不信感をもつ可能性がかなりある。だが、言わなければ、そのことは気がつかない――あってはいけませんが、判断を迷いますね。

そんな時、「人として正しいことを判断基準にする」が全職員に共有されていたら、迷わず「伝えよう」という判断になると思います。不満や不信感は、これからの頑張りで挽回すればいいよ。隠していたことが発覚した方が、もっと大きな問題になるよ――そのように前向きに考えられるようになります。

不思議なもので、このような人として正しい判断は、保護者にもちゃんと伝わり、こんな結果になることが多いです。

「先生。本当に、ありがとうございます。そんな言いにくいことをわざわざ言ってくださって。逆に感謝申し上げます。こちらも悪かったのだと思います。ありがとうございます」

第七条　どんな困難に遭遇しても決して諦めない

永遠の発展、永遠の継続、そんなことはあり得ませんし、誰も保証してくれません。園の運営、クラスの運営、そして各自の人生の中で、あり得ないような困難に遭遇することがあるかもしれません。そのような時、リーダーのあり方が大切になってきます。

どんな困難に遭遇しても決して諦めない

その人に解決できる問題や困難しか、その人には起きない

この言葉は、ビジネス書などから学び、そして多くの方が言っていたことを、自分なりの言葉に置き換えて心に置いているものです。本当は、そうではないのかもしれませんが、このように考えると、問題・困難への向き合い方が変わってきます。

何でこんなことが起きるんだ

どうして私に……

となるより、

どうすれば、この問題が少しでも良い方向へ行くのか？

この問題から、私は何を学ぶべきか？


このように考えた時点で、物事はプラスに向かっていきます。

当然、大きな問題・困難は、その場ではすぐに答えは見出せないかもしれません。しかし、最初の反応＝結論へ繋がるです。「なぜ起きたんだ」と、マイナスに捉えたら、出てくるのは、言い訳や自分を守る言葉かもしれません。しかし「どうすればいいのか？」と、解決することを前提にプラスで考え始めれば、頭の検索エンジンが解決先を求めて動き出すのです。

例えば、あの服が欲しいな～と思っていると、そのコマーシャルが目に飛び込んできたり、発表会の曲を探していると、今まで何気なく聞いていたドラマの主題歌が急に「これだ」と思えたり。頭の検索エンジンは、常にその答えを探そうと365日24時間動き続けてくれていると思っています。これも、「どんな困難に遭遇しても決して諦めない」「その人に解決できる問題や困難しか、その人には起きない」と考えているから、良い方向へと向かっていくのです。

第八条　愛情と思いやりをもって接する

幼稚園・保育園・こども園は、女性が圧倒的に多い職場です。保護者による送り迎えも、多くの場合、お母さんが行っています。そうした環境では、やはり「愛情」「思いやり」が大切になってきます。決して、男性が多い職場では必要ないと言っているわけではありません。男女で思考のタイプが違うのだと思います。

男性は、どちらかと言えば、大義名分、志、目標実現、更には競争、勝利、克己、このような言葉に心が動き出します。対する女性は、愛情、思いやり、優しさ、更には一緒に、共感、大丈夫、このような言葉を大切にします。

では、女性が多いと、「愛情と思いやりをもって接する」は問題なくクリアできるのでしょうか？

私は、女性が多いからこそ、これをもっと大切にすべきだと思います。相手も女性の場合が多いので、要求レベルが上がるのです。普段より20％多めに、愛情・思いやりをもって接しようと考えてください。

少し話は飛びますが、このインターネット全盛の時代でも、意識した方が良いことがあります。メールやSNSの中で、言葉だけでは伝わりにくいのが「感情」です。それを補うために、顔文字や絵文字、更にはスタンプなどがありますす。そのようなアイテムを使いつつ、更に、普段より20%多く感情をのせて表現すると良いと言われています。言葉だけでは、なかなか伝わらないのだと思います。逆に、そのままだと、マイナス20%で伝わってしまい、時には冷たく感じられたり、普通に伝えたのに、怒っているように感じられてしまうのだと思います。

そこで、通常の対面の場合でも、愛情・思いやりの気持ちを、少し多く加えてみてはいかがでしょうか。毎回20%増しでは大変かもしれませんので、通常は5〜10%増し。一日の終わりや、ここぞという時には、10〜20%多く感情をのせてみる。そんな意識で、愛情と思いやりをもって職員同士接することができれば、素晴らしい職場になると思います。

第九条　人をやる気にさせ続ける

やる気にさせるだけではなく、やる気にさせ続けることが大切です。しかし、ここまでお読みくださった皆様なら、もうこの考え方は理解でき、更に方法も見えていると思います。

具体的な目標
実現可能な計画（スモールステップ）
目的を明確にする
期待してあげる（来月・将来）（※ほめシート理論）

これらは、全て一時的なモチベーションアップのためではなく、継続的にモチベーションを維持するために行っていきます。イメージとしては、目標が実現される前に、次の目標設定を行う。来月期待していることがクリアされたら、将来期待していることを、またスモールステップにして設定をしていく。そこには目的や、目指すべき将来像があり、心の根底を支えている――こういうイメージです。

第十条　楽観的現実思考と現実的楽観思考

プラス思考とマイナス思考は、セットだとお伝えしました。更に、最初の反応＝結論へと繋がることも。今回は、その応用編だと思ってください。

●楽観的現実思考

例えば、問題が起きた時。「大丈夫！　解決するはず！　何とかなる！」と楽観的に考え、それから現実的に思考を繰り返す！ということです。決して、問題を楽観視するという意味ではありません。具体的には、

「クレームが起きたことに感謝しよう。でも、ここからが大切だよ。さあ、もう二度と起こさない対策を考えよう」

●現実的楽観思考

似ているようで少し異なるのが、こちら。現実的に、慎重に慎重に考え抜いて、最後実行する時は、慎重になり過ぎず、楽しく楽観的に実行していこう！ということです。

具体的には、

「発表会、ここまでしっかり計画して、細心の注意を払って準備をしてきたよ！

もう、ここまできたら楽しもう！」

いかがでしょうか？

この二つの思考法を持っていると、リーダーとしての声がけに幅が出ます。

リーダーの役割を10の項目でお伝えしてきました。10項目すべてを手帳に書き写し、
日々実行してみてください！

第六章

リーダーに求められるコミュニケーションと人財育成

POINT

第六章では、リーダーとしての具体的な仕事に落とし込んだ形で、コミュニケーションと人財育成の極意をお伝えします。

◆　◆　◆

・コミュニケーションの鍵は聴く＆質問

・会話のキャッチボールで本音を引き出す

・毎日顔を合わせているからといって、コミュニケーションしていることにはならない

・相手のタイプに合わせたやり取りが大切だが、時には変化球も必要

・人財育成には五つのステップがある

・相手の強みを見つけ、任せると人は育つ

・次のリーダーを育てるのも仕事

・プロジェクトをつくり、可能性を見出す

・会議をうまく進め、まとめ上げる条件

◆　◆　◆

様々な場面で上手に活用してください。

リーダーにはたくさんの役割があり、更に具体的なたくさんの仕事があります。また、それらは各園で大きく違うことも事実です。そこでこの章では、ここまでお読みいただいた考え方やスキルを通じてのコミュニケーション、人財育成についてお伝えします。加えて、園活性化に繋げるプロジェクト的発想、会議やミーティングの上手な進め方もお伝えしていきます。これらをうまく応用していただければ、抱えている具体的なたくさんの仕事にも必ず活かせるはずです。

1、リーダーのためのコミュニケーション論

コミュニケーションは、このワンテーマで本が何冊も書けてしまうほど、幅広いテーマです。更に、「絶対にこれ！」という答えが無いのもコミュニケーションです。しかしそれでも、できるだけシンプルに、かつ実践に繋がるようにお伝えしていこうと思います。

まず大前提として、リーダーに必要な三つのマインドを思い出してください。

●最倖のプラス思考
●一人ひとり違うことを知る
●ほめ育マインド

この三つは、常にマインドセットしてください。

その上で、コミュニケーションの大事なポイントを四つ押さえていきます。これらは、次項の人財育成にも繫がってきます。

1 コミュニケーションとは聴いて質問すること

コミュニケーションと言うと、何を話すかが大切だと考える人もいます。

しかし、私は聴くことの方が大切だと思っています。人が育つコミュニケーションは、聴くことが8割と考えています。ただし、単に聴き方そのものにフォーカスしても意味がありません。聴くこととセットで必要なことがあります。それが、話すではなく「質問」です。もちろん、自分が何かを伝えたり、教えたりする場面もあると思います。しかし、人が育つ人財育成とセットで考えると、聴くことと質問がセットであるべきなのです。

私は、「聴く＋質問＝人が自ら動き、人が育つコミュニケーション」と捉えています。
ではまず、聴くことのコツをお伝えしていきます。

❶「聴く」コツ

三つのコツがあります。一つ目は、聴く人の態度・姿勢です。

イメージしてください。話しかけてくる人がいます。あなたは何かを書きながら、または、パソコンを入力しながら、全然違う方向を見ながら「何？　うんうん……」。これでは相手は「今、話してはいけないんだな」と思って、おそらく伝えたいことを言わずに話を終えると思います。特に怖いのが、「良くない話、トラブル、クレーム」などを言えないこと、言えない環境だと感じてしまうことです。言わないというよりは、言わせてもらえない、言える環境ではないと感じてしまうことが問題です。しかし、聞いている側は「ちゃんと聞いているでしょ」と言うかもしれません。

- **聞く**……音として聞いている　聞こえている
- **聴く**……心を傾けて関心を寄せて聴く

この違いが、態度に表れてしまっているのです。

では、今の場面を例に、修正してみましょう。

職員「ともよ先生、お時間いいですか？」
主任「はい！　大丈夫よ！」

この時に、パソコンを打つのをやめて立ち上がる、もしくは相手の方に確実に体を向ける。そして、その際の表情・視線・声のトーン、それらを含めた姿勢が、とても重要です。

態度というものは、一瞬で相手に情報として伝わり、相手が感じ取ります。その態度をつくるのが姿勢なのです。目に見える姿勢ももちろん大事ですが、肝心なのは目に見えない〝心の姿勢〟だと考えてください。つまり、職員とのコミュニケーションをどう考えているか？という心の姿勢です！

自分の仕事が最優先で、職員の仕事は二の次――そんな風に考えているリーダーは、いないと思います。しかし、心は正直で、今、どちらを優先しているか？という心の状態が、態度に表れてしまうのです。

「私は、職員がいるから主任をさせていただいているのだ、仲間がいるから大好きな仕事が今日もできるんだ！」という気持ちが心にあれば、それが態度に表れてきます。もしも、どうしても急を要する仕事をしている場合は、「ごめんなさい、緊急？　可能なら、あと5分待てる？」と伝えれば良いのです。もちろん、子どもの怪我などの場合には、今やっている急を要する仕事よりも、優先順位は一気に上がります。でもそれは、その職員の雰囲気で瞬時に判断できると思います。

まずは、5分後などと指定し、話を聴く環境をつくり出します。

二つ目のコツは、うなずきと承認です。

話を聴く態度や姿勢は、きちんと相手に関心を寄せたにもかかわらず、評価されないことがあります。その一つが、相手が話すスピードよりも早く「はいはいはい！」などと早いうなずきや相槌を打つこと。「私はわかっていますよ。早く話してください！」と伝わってしまい、相手にされていないように受け取られてしまいます。逆に、相手の話すスピードより思いっきり遅く「はい・・・　はい・・・」。これでは「聴いてくれてますか?」となってしまいます。もちろん、無反応は論外ですね。当然、話す内容や相手によって、このうなずきのスピードや間は変わってきます。

ここでは、まず相手をしっかり見て、うなずきで反応します。これが関心度になります。内容により、適宜言葉を入れて「はい」「なるほど」「へ〜」などでリズムをつくるイメージです。

このうなずきを支えているのが、承認だと思っています。つまり、相手の存在をそのまま受け入れているかどうかです。もっと言うと、感謝の気持ちや、先輩後輩にかかわらず尊敬の気持ちがあるかということです。同じことは保育室でも言えます。子どもたちの存在を丸ごと受け入れる承認の気持ちがあると、その子の主張を、まず聴いてあげよう!最後まで聴こう!という気持ちになり、それが態度・姿勢に表れ、うなずきとして表れてきます。同じことを職員や身近な人にしているか?ということですね。

三つ目のコツは、提案やリクエスト(要望)です。もしも、人間関係だけを良好にして、上手な人付き合いを目指すのであれば、二つ目までで十分だと思います。しかし職場での、人が育ち活性化させるためのコミュニケーションでは、二つ目まででは不十分です。大事なのが、提案やリクエストです。相手から色々聴いてみたら、どうもそのままではうまくいきそうにないな〜とか、まだ情報や知識が足りていないなと思ったら、すぐに教えて指示するのではなく、このような会話をしてみてください。

提案「今、聴いていて思ったことがあるんだけど、私の考えを言ってもいい？」

聴いていて思ったことがある——これは、相手の言ったことを受け入れて、自分が承認しているという確認にもなります。そして、私の考えを言ってもいい？と、提案することに対して相手の承認を取り付けています。

実は、人は、自分が承認したこと（つまり自分から行動を起こしたこと）には責任をもつものです。「はい、お願いします！」と返答されて、そっぽを向いていることは想像しにくいですね。しかし、殆どの場合は、相手の話の途中で「あ〜そうじゃなくて、こうしたらいいのよ！」と、割り込んでいる場合が多いのです。つまり、最後まで話を聴かず（自分が承認せず）、途中で割り込んでしまっているのです。

この「今、聴いていて思ったことがあるんだけど、私の考えを言ってもいい？」は、最後まで聴いて承認し、更に相手の承認を取って、相手が聴くモードにしっかりと入るという、たくさんのバックボーンがある返答なのです。

今度は、リクエストをする場合の具体例です。同じような意味合いですが、ここでは、提案より、もう少し強めにお願いをしていると捉えてください。

リクエスト「今、聴いていて思ったことがあるんだけど、私からお願いしていい？」
リクエスト「今回は、そう考えているかもしれないけど、私を信じて、こうやってみて。もちろん、私が責任とるから！　大丈夫、信じて！　結果がどうだったか、あとで報告してね」

保育や保護者対応では、すぐに動かなければいけないことの連続です。全ての意義や意味を伝えていては、対応が遅れてしまう場合もあります。どうしても、強くお願いをして、やってもらった方がいい場面もたくさんあります。しかし、そんな時でも、このような会話を事前にインストールしておけば、自然に言葉が出てきます。もちろん、いつもの態度や姿勢で、どれだけ人間関係が良好に積み上がっているかが基盤になります。

❷「質問」するコツ

次に、聴くこととセットになっている質問についてお伝えしていきます。

ここでは、こちらから、ある職員に、仕事の進行具合を確認する場面を想定してお伝えします。コミュニケーションを通じて行動のあと押しを行い、仕事を通じて成長を加速させるコミュニケーションのとり方に焦点を当てて解説していきます。

大事なのは、抽象的な質問から具体的な質問へとチェンジさせていくことです。

主任「ゆか先生、最近どう？」
職員「発表会の振り付けが、ちょっと心配で……」
主任「そうか〜。振り付けの準備はどんな感じ？」

この会話の中の「最近どう？」や「振り付けの準備はどんな感じ？」が、抽象的な質問に当たります。「最近どう？」と質問すれば、本人の関心の高い事柄から話をしてくれます。もちろん、どんな話も聴いてくれるという信頼関係があることが前提です。

同じ設定で、こんな場面をよく見かけます。

主任「ゆか先生、発表会の振り付けの準備大丈夫？」

職員「はい……大丈夫です」

主任「良かった。何かあったらいつでも言ってね」

これは一見良さそうな会話に感じますが、大丈夫かと聞かれると、真面目な職員ほど「大丈夫」と言ってしまう傾向が強いようです。そして、蓋を開けて見ると「全然できてないじゃな～い！」となってしまう。これは、質問が悪いのです。

最初の会話を続けます。

主任「そうか～。振り付けの準備はどんな感じ？」

職員「お遊戯の曲は、リーダーの先生にも確認してもらって決まったのですが、……（間）……隊形移動が、どうすればいいのかわからなくて」

主任「曲は決まったんだね。あとは隊形移動を悩んでるんだ～？」
職員「振り付けは8割ぐらい決まったのですが、まだ工夫できるかな、と。でも、隊形移動を先に決めた方が、イメージが湧くかな？と思うのですが……」
主任「そうか～」
職員「ここ数年のDVDとか、もう1回観てもいいですか？　できれば、去年とは変えたいと思っているので」
主任「もちろん。一緒に観ようか？」
職員「お願いできますか？　心強いです。ありがとうございます」
主任「じゃあ、今日の終礼後はどう？」
職員「ありがとうございます。では、さくら組で準備しておきます」
　こんな風に、抽象的な質問から、徐々に具体的な質問に移行させていくのがコツです。

2 双方向であること

　コミュニケーションは、一方通行では機能しません。大切なことは双方向であること、キャッチボールのように会話をしていくことです。先ほどの事例でも、質問によって、相手からのメッセージが引き出されている感じが伝わったと思います。あくまでも、双方向であることが大切です。

③答えは相手の中にある

なぜ双方向が大切であるかというと、常に、答えは相手の中にあるからです。その人が自発的に動き出す源は、その人の中にしか無いと考えてください。

双方向であること
答えは相手の中にある

この二つを参考に、先ほどの事例を読み返してもらえると理解が深まると思います。

また、「……（間）……」がある時。ここは基本的には、割り込まないことが大切です。なぜなら、間がある答えこそ、〝黄金の質問〟であったと思うからです。つまり、その人の心の奥にアクセスできている、ヒットした質問だというイメージです。

そして、最後は行動を促す質問へと繋がっていきます。先ほどの会話では主任が「そうか〜」と承認をしながら、じっくり聴き続けたことで、「ここ数年のDVDとか、もう1回観てもいいですか？　できれば、去年とは変えたいと思っているので」が引き出されました。実は、このようなことを言いたいと、何週間も思っていたのかもしれませんね。それが、主任の質問や承認によって、言葉になったのです。

「もちろん。一緒に観ようか？」——この提案は、主任からの提案ではなく、職員の希望を叶えてあげるための提案へと変わっています。大きなポイントです。ですから、「お願いできますか？　心強いです。ありがとうございます」と繋がり、最後は具体的な行動をあと押しする質問（提案）になりました。

「じゃあ、今日の終礼後はどう？」「ありがとうございます。では、さくら組で準備しておきます」——会話の最後は、動きが軽やかになる感じをつかんでいただけたら嬉しいです。

4 その上で忘れてはいけないこと

ここまで述べてきた三つのポイント、すなわち、

●聴くこと&質問すること
●双方向であること
●答えは相手の中にあること

を踏まえた上で、更に忘れずに押さえておいてほしいことが二つあります。一つは「継続的であること」、もう一つは「一人ひとり違うこと」です。

❶継続的であること

まず一つ目は、継続的であることです。人は日々成長し、時には、問題にぶつかり気持ちが落ち込むこともあります。うまくいっている時も、そうでない時も、継続的にコミュニケーションをとり続けることが大切です。ついつい、同じ園で毎日顔を合わせているから大丈夫と思ってしまいますが、そこが落とし穴になることもあるのです。

例えば家族をイメージしてください。家族にも、それぞれがもっている社会、コミュニティがあります。一緒に住んでいても、わからないこともきっとあるはずです。いや、正直に言えば、わかったつもりで、わからないことばかりかもしれません。職員同士は殆どの場合、社会に出てから出会った関係です。家族以上に、わからないことばかりだと思います。だからこそ、継続的にコミュニケーションをとる！と決意することが大切です。

❷一人ひとり違うこと

第四章でも第五章でも、一人ひとりタイプが違うことを理解することが大事だとお伝えしてきました（95・117ページ）。コミュニケーションでも同じです。三つのタイプも参考にしながら、この人にはどんなコミュニケーションの形が良いのか？を、常に考えてください。

●「いつでもほめてタイプ」は、寄り添うようなコミュニケーションを望む人が多い
●見えないものを大切に
●心を許してから本音を言い、そこからコミュニケーションが始まる
●まず聞いてほしい

●「よく見てほめてタイプ」は、自分の考えを具体化するコミュニケーションを望む人が多い

●見えるものを大切に
●自分の考え、本音を言うところから、コミュニケーションが始まる
●まず言ってほしい

●「とりあえずほめてタイプ」は、気分次第、状況次第のコミュニケーションを望む人が多い

●気分、雰囲気を大切に
●自分の気分次第でコミュニケーションが始まる
●わかってほしい

コミュニケーションですから当然、人と人の人間関係です。いつも、同じ形のコミュニケーションだけで接していると、うまくいく場合と、すれ違う場合が出てしまいます。

自分が見つけ出した、相手とうまくやれるコミュニケーションの形を踏まえつつ、様々な状況を考えながら、継続的に、一人ひとり、場面場面に応じてと、たくさんのチャンネルをもつことが大切です。

2、リーダーのための人財育成論

1 人財育成のステップ

これまでお伝えしてきた視点を、更に人財育成にフォーカスしてお伝えします。

まずは、人財育成にはステップがある！ということです（151ページ参照）。無理やり1段飛ばしなどをすると、体に無理がかかってしまいます。逆に、確実にステップを踏んでいくと、必ず上に上がっていきます。

また、ここで大切なことは、何が、どのステップにあるのかを知ることです。そして、それを知ることができたら、1段1段慌てずに上っていくことなのです。

ステップ❶　自分を知る・見本・模範

では、まず1段目から説明していきます。

見本・模範と聞けば、おそらく、人の見本・模範になることだと、最初にイメージするはずです。もちろん、それも正しいと思います。しかし、あえて最初のステップは、と考えたら、私は、自分が自分の見本・模範となることだと思います。もう少しわかりやすく言うと〝自分を知る〟ということです。自分は何が長所や強みで、何が短所で弱みなのだろう？　自分自身が大切にしている価値観は何だろう？　その価値観を大切に、どのような生き方をしているか？　その生き方は、自分への信頼、自分への尊敬に繋がっているか？　などなど。自分を信頼・尊敬しているからこそ、人への信頼・尊敬の気持ちも湧いてくるのだと思います。

気をつけてほしいことは、ここに嘘・偽りがあったり、本当は大切にしていないのに、無理に大切にしている自分を装ったりすると、周りからは表裏がある人と見られる場合もあることです。

■人財育成のステップ

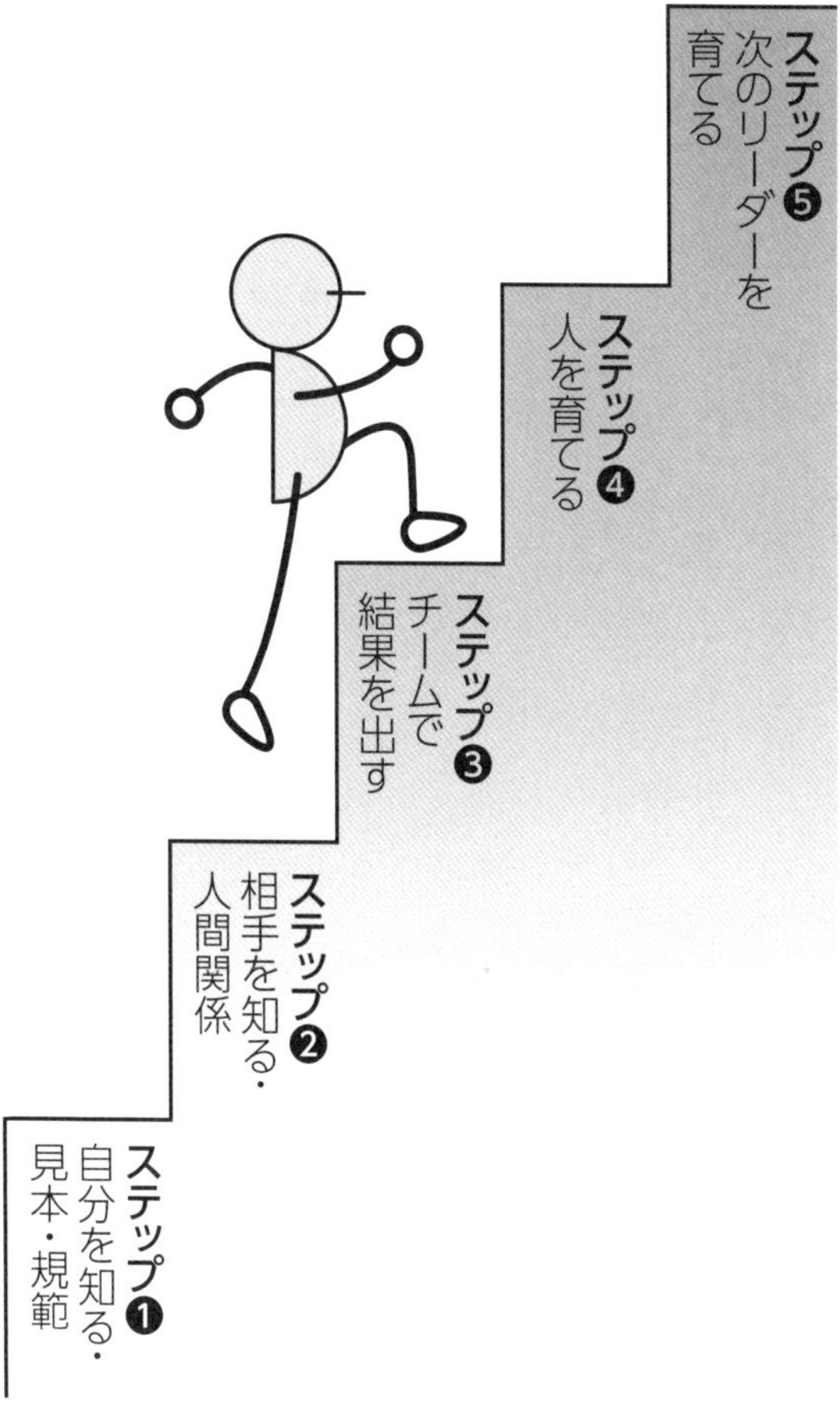
ステップ❶
自分を知る・
見本・規範
ステップ❷
相手を知る・
人間関係
ステップ❸
チームで
結果を出す
ステップ❹
人を育てる
ステップ❺
次のリーダーを
育てる

ステップ❷　相手を知る・人間関係

自分を知り、自分が自分の見本・模範となったら、次のステップへと進みます。次のステップは「人間関係」です。ここで大切なことは、最初から相手を育成しよう、育てようと考えないことです。当然と言えば当然だと思いませんか？　確かに園で考えれば、自分は先輩であり、リーダーなので、いわゆる上下関係、上司部下という関係が存在します。しかし、ステップ❶が〝自分を知る〟であったように、人間関係で最も重要なことは〝相手を知る〟ということです。

もちろん、その人自身も、自分の長所や強み、短所や弱みを理解していないかもしれません。いえ、多くの場合、理解していないと思ってください。特に、強みを確実に把握している人は非常に少ないでしょう。前にもお伝えしたように、強みとは、自分が自然に行っているのに、結果が圧倒的に良いことですから、強みを強みと思っていないことが多いのです。そのようなことも含めて、まずは相手を知り→人間関係の構築、です。

その時に大切なことは、相手に対する〝興味・関心・思いやり〟の心をもち、相手を理解したい！という思いをもつことです。理解する時には、前述した「聴くこと」を大切にします。また、セットになっている「質問」も大切です。ここでの質問は、相手の行動をあと押しする質問というよりも、相手が話したいことを引き出す質問や、相手に興味・関心・思いやりをもってする質問ということです。ここで、その人の理解を深めると、次のステップへ進めば進むほど効果が発揮されます。

気をつけてほしいことは、人を動かすために知るという意識ではなく、純粋に知りたい！と思うことです。仲間は家族同然ですが、いかんせん、その家族は20歳、22歳まで、違う人生を歩んできており、他の職場を経験していることもあります。まずは知らなかった相手をよく知り、理解をし、理解され、人間関係を構築していくことです。

ステップ❸　チームで結果を出す

その次のステップ❸は、チームで結果を出す段階です。あえてチームと表現しました。これは様々な仕事において、いきなり上司部下と考えず、一緒に目標に向かっていくのだ、と幅広く考えていくことが大切だからです。大きな結果は小さな成果の積み上げで達成されます。

例えば、朝の園庭掃除を3人のチームで協力し合って行う、お誕生会の運営を年少担任チームで行う、職員会議を学年リーダー3人で行うなど、仕事を進める中で様々なチームが存在します。そのチームで結果を出す！というステージです。

ここで大切なことは、リーダーはまず、チームのビジョンを伝えるということです。つまり「方針」です。朝の掃除を例に具体的にお伝えしましょう。

「よし、今日の園庭掃除は、いつも10分かかるけど8分で終わらせるよ！　ただし、笑顔で丁寧に！でいこうね！」

これだけでやる気になりませんか？　ビジョンを伝えたら、次はミッションを伝えます。つまり「役割」です。

「ゆうこ先生は、遊具担当ね！　特に破損や、危険なところは無いかも点検ね。みゆき先生は砂場を同じように頼むね！　私は、掃き掃除をやるから！」

それぞれの担当とミッションを伝えたら、チームで大切な勢いをつけます。

「よ〜し！　掃除、笑顔で丁寧に頑張ろう〜！　お〜!!」

そのシーンが想像できますね！　なぜ、ここで掛け声をかけるのか？　それは、掛け声によって意識が高まり、動きにも勢いがつくからです。チームで結果を出すには、ビジョンを伝え、ミッションを与え、勢いをつける。更に、ここでも一人ひとりの違いや個性を意識すると効果があります。

気をつけてほしいことは、自分に自信がある人は、みんなも最初からできると思い、最初からステップ❸を実行してしまうことがあるということです。それでも結果は出るかもしれません。しかし、それをいきなり行ってしまうと、メンバーは言われたことはするけれど、言われなければしないということが起きてしまいます。よく考えれば、当然ですね。人間関係が構築されていないのに、いきなり結果を求めた指示がきてしまう。更に、それが明確な指示であればあるほど、メンバーは言われたことしかしなくなります。

だからこそチームで結果を出す前に、自分を知り、相手を知る人間関係の構築が必要になってきます。そして、結果を出す時に、メンバーの特性に合わせてコミュニケーションを変えていくのです。

Column

◆ステップの意味◆

さて、なぜ、ステップという言葉を使っているのでしょう？　図を見ていただければ理解が深まると思います。

一つには、階段状になっているので、そのステップに無理があれば、1段下りれば良いからです。「あれ？　なんかこのチーム（メンバー）、うまく機能しないな～」と思ったら、もう1回コミュニケーションを通じて、相手を知る！ということです。もちろん、日々、色々なことが同時並行で動いていますから、相手を知りながら、人間関係を構築しながらチームで結果を出すということが必要な場面もたくさんあります。その方が多いかもしれません。だからこそ余計に、結果を出す前には、良好な人間関係が必要なのだという意識が必要なのです。

もう一つには、階段の内部を見ると、より理解が深まります（158ページ参照）。

■順調な時

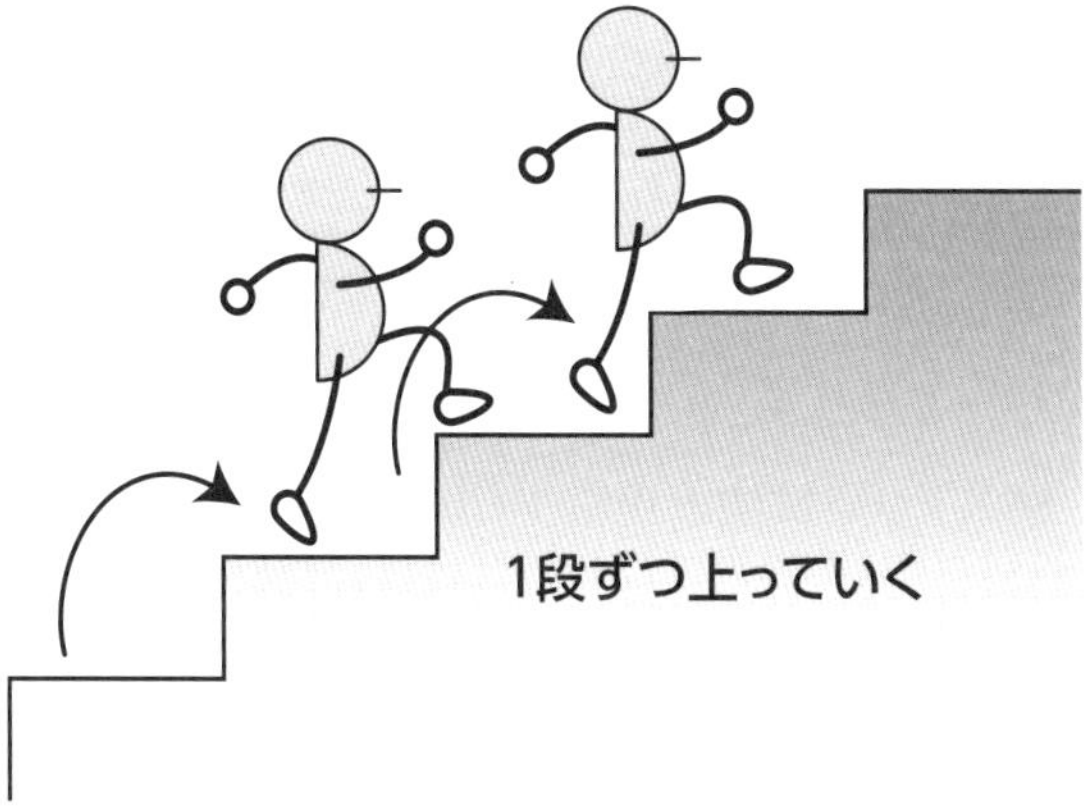

■うまくいかない時

ステップ❸の下には、ステップ❷が存在します。更に、ステップ❶が存在します。土台であるステップ❶は、ステップが進めば進むほど、どんどん広くなっていくのです。

つまり、より自分のことを知り、更に、より良い人間関係を築いたメ

■ステップは積み重なっている

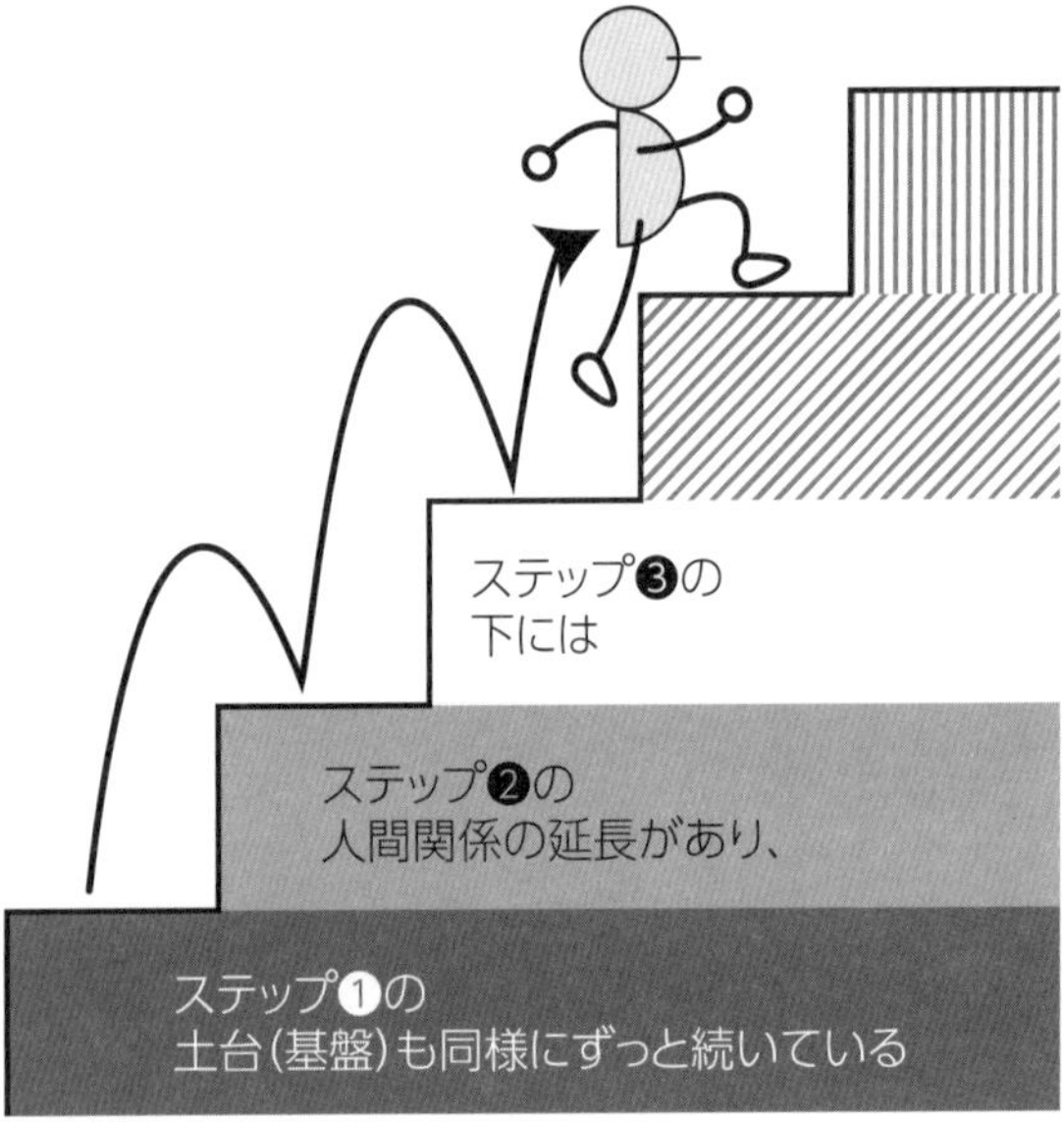

ステップ❸の
下には
ステップ❷の
人間関係の延長があり、
ステップ❶の
土台（基盤）も同様にずっと続いている

ンバーがステップ❸に到達し、この場所でチームとして結果を出すには、「どんな強みを活かしたら良いのか？」という、より深い理解が必要になってくるのです。

この二つを理解していただけると、ステップの意味が何倍にもなって活かされてきます。

ステップ❹　人を育てる

人財育成の第六章ですが、やっとここで〝人を育てる〟が出てきました。実は私、以前は別の考え方をしており、今回のこのステップの順番が正しいと気がついた時は自分でも目から鱗が落ちました。以前の私は、細かいことを省いてざっくり言うと、ステップの順番は❶→❹→❸だと考えていました。

少し説明させてください。まずは自分を理解することが大切という考え方でした。今のステップ❶の考え方に近いですが、その背景には「私は私の強みがわかっている！」という思い込み（自信）があったので、非常に表面的な考えだったと思います。そしていきなり、ステップ❹の「人を育てる」に飛んでいました。しかも、今からお伝えするような視点ではなかったのです。つまり、私は自分の強みに自信があるので、みんなにも同じようにこの強みをもたせてあげたい、それが良いことだと思い込んでいました。メンバーみんなが、同じように能力が上がり、その能力が上がれば上がるほどチームで結果も出しやすくなる（ステップ❸）、と。言い換えれば、みんなが同じ能力を身につけることが重要だと思っていたように思います。

今思うと、かなり強引な育成論だったと思います。もちろん、その時は、それが良いと思って全力で行っていました。

話をステップ❹に戻します。

人を育てる——ここでは、強みにフォーカスすることを指します。106ページで、私が自分の強みに気づいた経緯をご紹介しましたが、ここでもう一度、私なりの「強みの定義」を復習しておきましょう。ここまでは、長所と強みをひとくくりにしてきましたが、実は微妙に異なります。

●長所……本人が良いと自覚している　または周りが良いと思っている　しかし、結果は様々

●強み……本人は無自覚だが、周りから見ると圧倒的で、結果に繋がる特徴

「長所」について、結果は様々と書きましたが、本人が良いと自覚していて、周りも認めていて、それが結果に繋がっていれば、それはすでに「強み」かもしれません。更に本人が「この能力は良い」と思っている部分が自信であり、なおかつ一層努力を続ければ、その強みが磨かれます。過信してしまうと、宝の持ち腐れや、手抜きに繋がる可能性もあります。

強みは、本人が無自覚で、自然に行っているところがポイントです。しかし、周りから見ても圧倒的で、結果にも繋がっているのです。本人は無自覚で自然な行動ですから、それを褒められても奢ったりしません。逆に、こんなことを認めてもらえるなら、もっと高めて、喜んでもらえるようにしよう！と考えます。リーダーは、その強みにフォーカスするのです。そもそも、自然体で上手にできるわけですから、指導するというより

は、任せる・支援するという視点です。

具体的な例で示します。ある新人の職員が、沖縄の伝統文化であるエイサーが得意だと思ってください。その新人職員に、入園式の先生紹介の場面で、エイサーを発表してもらいました。見事な演技でした。この園では、ちょうど発表会を大改革したいと思っていたところでした。そこで、こんなやりとりがありました。

「あさみ先生、本当に上手ね〜！　それ発表会に向けて、子どもたちに指導できる？」

「え〜！　嬉しいです。でも部活や趣味でやっていただけで、指導となると、できるかどうか、自信はありません」

「大丈夫！　だって楽しそうだったよ。そのまま、子どもたちと一緒に楽しんで！　その分、音楽とお遊戯は分担して行うから。発表会に向けてどんな流れが良いか、あと道具を揃えるから、提案して」

これは、ある園で実際にあったことです。新人の時からチャンスをもらい、しかも自分の強みで貢献ができる。素晴らしいことですね。少し話は脱線しますが、これがきっかけで、エイサーを行っていた後輩たちが、この園に入職したいと集まってきてくれました。今ではエイサーは、発表会のメインプログラムの一つになっています。

強みを活かして人を育てる――大切なのは、このステップ❹だということを忘れないでください。単に強みだけにフォーカスするのではなく、これまでお伝えしてきた土台を整備してあるからこそ、ここで一気に伸びていくのです。

気をつけてほしいことは、後輩が伸びる時に、リーダーに忍び寄る不安です。自分が抜かれてしまうのではないか、自分の居場所が無くなるのではないか、という不安です。仮の話ですが、これが成果だけを大切にする競争原理だけで動いている組織なら、その不安は的中するかもしれません。しかし、私がこれまでかかわってきた幼稚園・保育園・こども園の世界では、成果が上がり、それだけで全ての序列が変わったなどという園は一つも見たことがありません。

もっと言えば、強みにフォーカスして後輩を伸ばすことで、更に強い人間関係が生まれ、より良いチームになっていくのです。

ステップ❺　次のリーダーを育てる

最後のステップは、「次のリーダーを育てる」です。つまり、自分自身の代わりを育てるということです。リーダーの役割は、そのリーダーがいなくなった時に、最も発揮されると言います。

メンバーの中には、保育や仕事はできるけれど全体を率いるリーダーには向いていない人や、どちらかと言えば、サポーターに回った方が良い人もいます。様々なメンバーがいる中で、将来のリーダーを見つけ出し、リーダーに育て上げていくのです。その際、自分なりのリーダーのあり方を、改めて伝えてあげます。ストレートに伝授しても良いし、タイプが違う場合もあるので、私はこんなことを大切にして行ってきたという自分なりのリーダー論を伝えるのでも構いません。

この伝えるというステップ自体が、あなた自身の成長にも繋がってきます。リーダー候補者は、それを聞き、改めて自分を見つめ直していきます。同時に、このリーダー候補者は、ステップ❺で受け取ったリーダーシップの考え方を心に留めながら、ステップ❶から階段を上っていくのです。

ここでも気をつけてほしいことがあります。

一つは、次のリーダーを育てる不安感に押しつぶされないということです。ステップ❹でもお伝えした、自分のポジションが無くなってしまうのではないかという不安感です。不安だとは意識していなくても、なかなかその気持ちを手放すことができない場合があります。その不安は、自らの次のステージや役割が見えてこないことから生まれているのかもしれません。不安を打ち消すには、次のリーダーを育てながら、自らも次なる目標に向かっていくことが重要です。

もう一つ、次のリーダーを育てる段階に来ると、力が抜け過ぎる場合もあります。いわゆる燃え尽き症候群のような状態です。やはり、次のステージや目標設定をすることが重要です。

これは、あくまでも私の例ですが、そのような場面ではまず、自分たちのチームのこれからのビジョンを語ることにしています。その上で、自らが大切にしてきたことや、自分自身がチームの発展のために挑戦することなどを伝えます。更に、こんなことを次のリーダーに期待しているという形で伝えると、自分自身のこれからのポジションも明確に見えてくるのではないかと思っています。

●次なるステップは？

研修などで、ここまで説明したあとに「ステップ❺の続きはどうなると思いますか？」と聞くと、ステップ❻があると皆さんイメージされます。そこで私は、「ステップ❺の続きは、新しいステップ❶です！」とお伝えしています。元に戻るということではありません。更に高い次元で、ステップ❶から永遠に続くというイメージです。また、それは、ずっと歩み続けながら、らせん状に高く高く上がっていく、自然に上昇気流に乗っていく。そんなイメージです（次ページ上のイラスト）。

●突然現れるステップ⓿

人財育成のステップには、実はステップ⓿（ゼロ）も存在します。これは落とし穴、もしくはステップの段が消えて坂道になり、転げ落ちたり、一生懸命上っているつもりなのに、上っても上っても下がっていく、そんなイメージです（下のイラスト）。

■ステップは続く

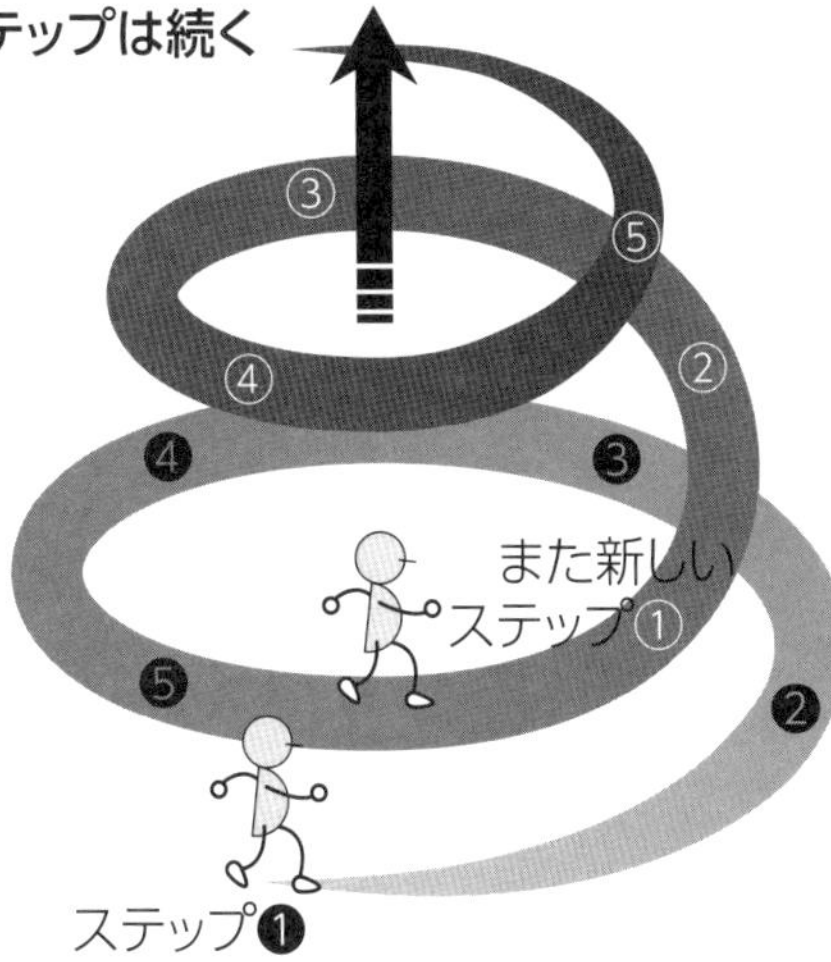

■ステップ⓿のイメージ

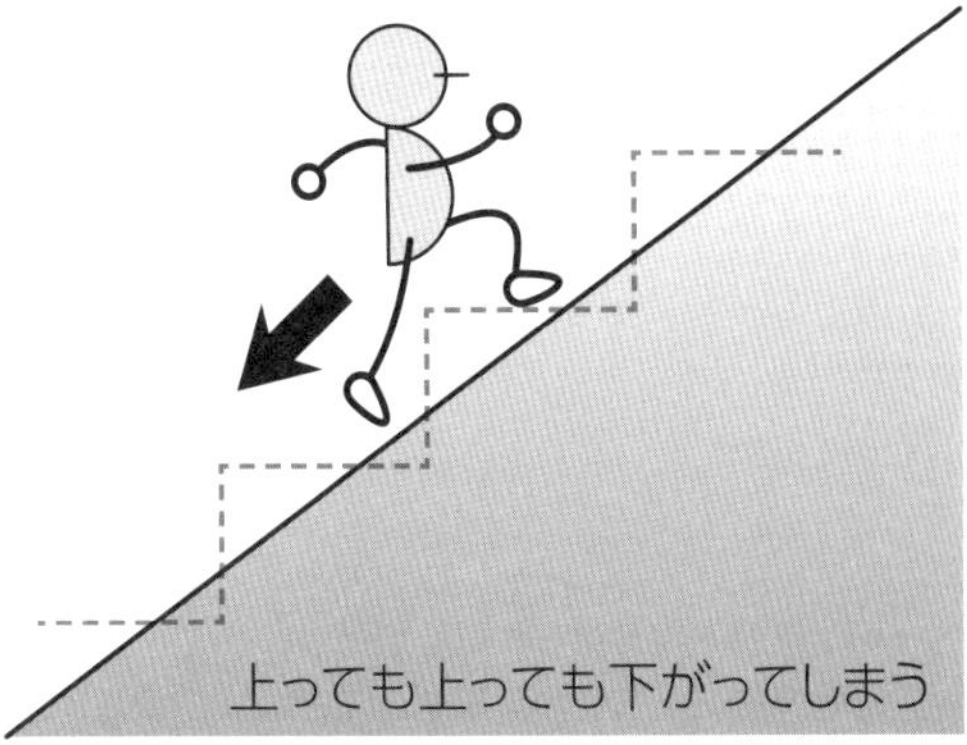

ステップ❶は、どの段階でも、突然現れます。それは、人に対して立場や権威で強く迫ったり、いわゆるムチで脅すような形で人を動かそうとする時です。また逆に、評価や人間関係を利用してアメで釣るような形です。いずれにしても、人は一時的には動いてくれるかもしれませんが、良好な人間関係や、ましてや人財育成には全く繋がらず、時には、それだけで離職してしまう場合もあります。間違った形でリーダーがステップ❶に落ち、かつ本人が気がつかない場合は、職員を責めることさえあるかもしれません。そうならないためにも、リーダーは日々、一つひとつのステップを見つめ直して、しっかりとステップを踏んでいくことが大切です。

②プロジェクトで考える――プロジェクト成功の秘訣

人財育成で活用していただきたいのが、「プロジェクト」という考え方です。これは、役職や立場や経験年数で、色々な仕事の役割を与えるという考え方とは別で、どちらかと言うと、短期間であったり、立場などを飛び越えたチームと考えてください。

例えば、運動会や発表会担当という仕事があると思ってください。園行事の中でも重要な行事ですから、担当未経験者だけを任命したり、ましてや新人や若手だけに任せるのでは、やはり心細い気もします。だからと言って、ベテラン・中堅メンバーに若手を数人入れても、大きな変化をつくり出すことは容易ではありません。

そこで、担当とは別に、「運動会改革プロジェクト」「発表会全体テーマ・学年テーマ改革プロジェクト」「発表会衣装プロジェクト」「今年度・就職説明会プロジェクト」など、やや短期間だったり、ある大きな仕事の一部分だったりを、これに適したメンバーを募って、行ってみるのです。もしも、あまりうまくいかなければ、プロジェクト終了・解散。うまくいけば、そのまま、運動会や発表会の担当にも加わってもらい、活性化させていくのです。

プロジェクトのメリットは、役職や立場など上下関係に縛られないことで、一時的に動くため、「色々試したい」「思い切って挑戦させてみたい」時や、斬新な意見を言い出しやすい場として、可能性を見出す時にも有効です。

もちろん、プロジェクトという名前がなくても、上手に指示を出せるリーダーもいます。でも動く側の職員からすると、プロジェクトという位置づけがあると、動きやすかったり、責任感も増してきたりします。

では、そんなプロジェクトがうまく機能するためのポイントをお伝えしていきます。

❶自分がワクワクする

もちろん内容によっては、園内事故防止プロジェクトなどのように、マイナスのことが起きないためのプロジェクトもあります。ここでのワクワクというのは、楽しい！というだけのイメージではなく、これは園がもっと良くなるために必要（だからワクワクする）という気持ちです。だけど、まだ完璧な案（意見）が出ていない。しかし、私たちの園には、職員の中には、きっと大きな可能性があるはず！という意味で「リーダー自らワクワクする！」と捉えてもらえると良いと思います。

指示するリーダーが「とりあえずやっておいて！」と冷めていたら、プロジェクトも活性化してきません。

❷ゴールを明確にする（設計図・ストーリー・ビジュアル化）

ここでのゴールというのは、全部の方法がわかっているということではありません。このプロジェクトにはどんな役割があるのか？　それが機能した先に何が待っているのか？というイメージのゴールです。具体的に、「発表会全体テーマ・学年テーマ改革プロジェクト」を想定してお伝えしましょう。

「今年の発表会は、第50回に当たります。ただ、これまでや、これからの方々のことを考えて、今年だけ大きく変えることはしません。でも、折角の第50回ですので、何かひと工夫したいと思っています。そこで、発表会全体のテーマと、各学年のテーマを決めて、そのテーマに基づいた構成を考えたいと園長とも話しました。

そこで、各学年から立候補者を募って、『発表会全体テーマ・学年テーマ改革プロジェクト』をお願いしたいと思います。もちろん、それが決定の場ということではなく、そのプロジェクトで出してもらったアイデアを元に、再度全体で話し合いたいと思っています。

期間は1カ月。時間は、週1回1時間のプロジェクト会議の時間をつくります。月末の全体会議で発表してもらいます」

このような感じです。ゴールを明確にするには、

●プロジェクトの設計図（何をどうする？）
●ストーリー（全体の流れ）
●ビジュアル化（日程や発表する内容の見える化）

が必要です。

❸巻き込む（率先垂範・相互支援・臨機応援）

最後に、プロジェクトを円滑に進めていく中での三つのポイントを紹介しておきます。
これらは、プロジェクト進行に限らず、日々意識してほしいポイントでもあります。

●率先垂範

自ら見本・模範となり、積極的に行動することです。まずは、日々の様々な決まり事

やルール、更には、園が大切にしていること。そのようなことを、率先垂範《そっせんすいはん》で行動しているか。それがとても重要です。そんなリーダーからプロジェクトの指示をされるから、「よし、やってみよう！」と思えるのです。

自らプロジェクトリーダーになる場合もあれば、アドバイザーに回る場合もあるでしょう。どちらの場合でも、自らがワクワクし、それを成功させたい！という思いが、メンバーに伝わっているか――それがリーダーの率先垂範です。時々、勘違いをして、全部自分で行うことが率先垂範だと思ってしまい、職員の可能性を引き出したり、自ら実行したりするチャンスを奪ってしまっている場面も見受けられます。そうならないようにしつつ、メンバーのやる気を引き出す、率先垂範をしていきましょう。

●相互支援

今や、情報の入手は手のひらの上でできる時代です。知っていることと、できることは違いますが、誰もが情報をもっていることは間違いありません。仮に情報がなくても、簡単に調べることができます。だからこそ、「教える！」というアプローチではなく、「支援する！」というアプローチが大切なのです。

しかも、相互支援で、お互いに支援し合うのです。そもそもプロジェクトは、何か変えたいのだけれど、なかなか良い案が浮かばない、全体会議ではやはり斬新な意見は出にくい、だったらプロジェクトで動かしてみよう！と考えて、生まれるわけです。そのプロジェクトが思いっきり機能するように、支援していくのです。その支援が、実はリーダーにも改革という形で返ってきて支援されているのです。

●臨機応援

臨機応変とは、その場その場に応じて、対応を変えていくことを言います。その造語で、「臨機応援」です。

そもそも各プロジェクトは、大きな目的が伴っていると、より威力を発揮します。マンネリ打破なら、このメンバー。新人に責任感をもたせたいから、今回は新人だけ。内容ではなく、今回は成長・自信をつけてほしいので、このメンバー、などと考えながらプロジェクトを組むことがあるでしょう。内容や、特にメンバーによって、支援・応援スタイルを変えていく。それが臨機応援です。

率先垂範・相互支援・臨機応援――この意識を日々もって行動し、特にプロジェクトを動かす時には、いつも以上に意識を高めつつ、まずはメンバーを良い方向へ巻き込んでいきます。そして、実際に良いアイデアが出て、実施となれば、更に園全体を巻き込んでいきます。リーダーの導き方次第で、最初は小さなプロジェクトだったとしても、大きな改革実行プロジェクトへと進化する可能性があるのです。

人財育成のステップと併せて、様々な場面でこのプロジェクトの発想を活用していただければ、人財育成が足し算ではなく、掛け算のようになっていくと信じています。

3 会議・ミーティングの進め方

リーダーのための人財育成論の最後に、職員会議やミーティングのポイントをお伝えします。この考え方は、私は日々のコミュニケーションにも応用できると思っています。本来は、日々のコミュニケーションの集合体が、会議なのです。

ぜひ、会議やミーティングだけに留まらず、朝礼、終礼、日々のコミュニケーションにも応用してください。

❶準備が大切

会議を行う際、成功の8割は準備で決まるといっても過言ではありません。その準備というのは、会場の設定という準備だけではなく、会議で伝えていく内容も含めてです。すなわち、会議名、日時（開始終了時刻）、場所、会議の目的とゴール、全体日程、メンバー、会議リーダー（進行係・司会）、記録、準備物などなど。

これらをしっかり準備しつつ、会議参加者への事前告知を行います。この告知により、参加者が準備するところから会議が始まっているのです。

❷会議リーダーの選出

中には、会議リーダー（進行係・司会）が固定の園もあると思います。私としては、会議によって会議リーダーを替えることをお勧めします。なぜなら、会議の目的や内容によって、やはり適任者がいるからです。例えば、アイデアを出す会議なのか、クレームがあり、その対応方法を決めるのかで、進行は大きく変わってきます。そこで、会議の目的や内容に合わせて、会議リーダーを選出し、事前に目的や目標・方針、最終的な決定方法などを再確認しておきます。

❸アイスブレイク

これは会議のウオーミングアップだと思ってください。例えば、

- 2人組をつくって、今日一日の良かったことをそれぞれ1分ずつ発表してください。
- 3人組で、挨拶練習を3分お願いします。

などです。会議の目的に沿って行うことが大切です。一方、重要な内容の会議だからこそ、少しリラックスさせるなどの逆転の発想も大切です。声を出したり（挨拶練習など）、動作を入れたり（拍手やハイタッチなど）すると体がほぐれ、結果的に、その後の意見が活発になってきます。

❹ゴールの確認

事前に会議の目的は告知してありますが、職員たちは丸一日子どものために全力で保育を行い脱力しているかもしれません。そこで再度、今日の会議の目的とゴールを確認します。

●会議の目的……何のために、何を話し合うのか
●会議のゴール……どこまで決めるのか？　何時まで行うのか？

目的やゴールは、モチベーションを高めたり維持したりする上で、非常に重要です。特に、会議時間が長くなればなるほど、それだけで集中力が下がってきます。また、それが常習化されてしまうと、そもそも全力投球しなくなってしまいます。

❺シンキング・タイム

各自意見を考えてきていると思います。しかし、アイデアはどこで思いつくかわかりません。また、もしかしたら、日々が忙しくて考えてきていない場合もあります。

そこで、シンキング・タイムを1分でも良いので設定します。これにはもちろん、考える時間という意味がありますが、同時に、この時間を与えることで、自分も参加者なのだという意識づけの意味もあります。時間がゆっくり取れる時などは「配った用紙にアイデアを最低三つ書いてください」などとすると、更に意識は高まります。

❻ディスカッション

考えてきたアイデアやシンキング・タイムで思いついたアイデアなどを、2〜3人組でディスカッションを行います。理想は2人です。2人だと、必ず話し手と聞き手という役割が発生します。

更に、こんな方法で行うこともできます。

「では、2人組で3分ディスカッションを行います。今日のポイントは3分間、とにかく話し続けることです！　途中で話が終わるのは禁止ですよ。困った時は〝さっきの意見、もう少し詳しく教えて〟とか、〝他に何かある？〟と、八田先生に教わった、会話が続く魔法の2フレーズを使って、とにかく話を続けてください」

または、こんな展開もできます。

「最初に2人で5分間、話し合ってもらい、その後6人組になります。6人組になる時までに、2人で良いと思うアイデアを最低一つ決めておき、最後は6人組で一番良いアイデアを決めて、後ほど発表してもらいます」

ディスカッションの取り入れ方によって、会議の雰囲気は全く違ってきます。

❼全体討議

先ほどの2人組～6人組、更に全体での意見の出し合いです。ここで普通の会議と違うところは、一人ひとりが意見を言うのと違い、それぞれの意見に自分の意見が、色々な場面ですでに加わっていることです。それにより、次項の最終の決定が行われた時、自分の意見が入っていれば、そのまま行動へと繋がるモチベーションになります。仮に自分の意見が通らなかったとしても、すでに参加者意識が高まっているので、納得して決定を実行してくれます。

❽最終決定プロセス

最終決定のプロセスは、会議の場で検討するものではありません。❷の「会議の目的」のところで、今回は、どのように決めるかを事前に確認しておきましたね。決めておいた通りに最終決定プロセスへと進みます。例えば、多数決で行う。手は挙げにくいので、投票で行う。園長にも最初から参加してもらい、アイデアを出し合ったあと、その中から選んで最終決定してもらう、など。

この最終決定プロセスを先にしっかり決めておかずに結論が出せない会議が度重なると、「せっかく話し合ったのに……」「意見を出したってどうせ……」となってしまい、そもそもモチベーションが上がらなくなってしまいます。逆に、最終決定プロセスを決めてあったにもかかわらず、園長の〝鶴の一声〟で決まってしまうような会議は、会議リーダーの準備不足とも言えるのです。

❾決定事項の確認

結論が出たら、記録係、もしくは会議リーダーから、今日の決定事項を確認します。

全職員が参加していない場合には、その内容を欠席者に、いつ、誰が通知するのかなども決め、確実に伝え実行していきます。また、次回の会議日程が決まっているのであれば、それも確認していきます。

⑩まとめ

会議リーダーは、会議参加への感謝の言葉や労いの言葉を述べて、締めます。一人ひとり感想を短めに言ったり、何かお決まりの締めのフレーズや動作があれば、それらでしっかりと盛り上げたり、締めくくったりします。

参考までに弊社の会議では、最後に一人ひとり感想を言ってもらうか、代表して何人かに感想を言ってもらいます。その後、会議リーダーが締めの言葉（挨拶）～拍手～掛け声～ハイタッチ、という一連のルーティンがあります。これを行うと、会議後に、次の行動への動き出しが早くなります。

第七章

うまくいくリーダーの共通点

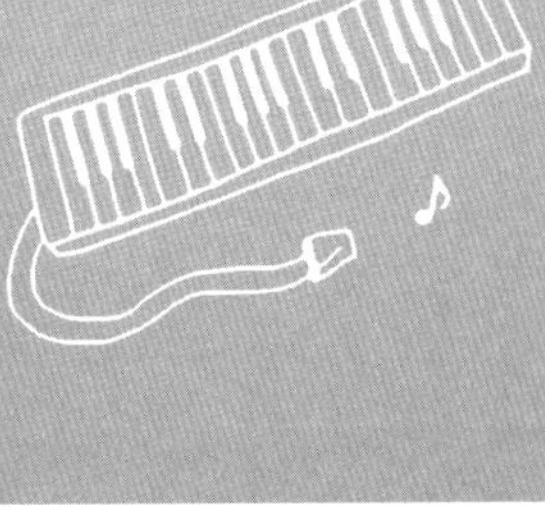

P O I N T

　ここまで、良きリーダーになるための様々な考え方やスキルをご紹介してきました。すべて理解し実践してみたけれど、どうもうまくいっているとは思えない。そんな時、振り返っていただきたいのが、この第七章に列挙した項目です。この章では、うまくいっているリーダーたちの共通点を上げました。自分に足りないものがありますか？

◆ ◆ ◆

・素直
・即実践
・毎日１ミリの成長のために
　毎日小さな工夫をする
・人を喜ばすことが好き
・明るい
・勉強好き
・現場第一主義
・問題・トラブル対応に力量を発揮
・失敗を経験に活かす
・不平不満、愚痴、悪口、陰口を言わず、
　感情的にならない

◆ ◆ ◆

　今、すべてが足りていなくてよいのです。
獲得しようという気持ちで前進しましょう。

最後の章は、うまくいくリーダーの共通点をお伝えしていきます。これはそのまま、うまくいく職員の共通点と置き換えても通用します。ぜひ、ご自身だけではなく全職員で共有し、日々その精度を上げてほしいと願います。

1、うまくいくリーダーの共通点

1素直

うまくいくリーダーは、やはり〝素直〟ということです。これは、伸びる職員も同じです。素直には色々な定義がありますが、ここではまず、相手の意見を素直に聴く！ということにフォーカスします。最初から自分の意見を入れてしまったり、時には先に判断をしながら聴いてしまったりといった状態では、素直に相手の話を受け止めたり、受け入れたりすることはできません。そこで私は〝素直の法則〟として、次のように紹介しています。

それは、人の話に対して、

●す……すごいな～
●な……なるほど～
●お……おもしろいですね～

このような気持ちで相槌を打ちながら話を聴くことができると、相手も、どんどん話をしてくれます。前述した、人財育成のステップ❷の「相手を知る・人間関係」（152ページ）や、コミュニケーション論の「聴いて質問すること」（134ページ）を実行する中心部分にあるのが、この素直さ！です。

この素直さは、どこからくるのか。私は、好奇心だと思っています。子どもたちを見ても、「子どもたち→素直→好奇心が旺盛」ですから、非常に納得できると思います。

しかし、時には相手と最初から意見が食い違う場合もありますね。例えば、全く理解していない職員や、自己中心的な保護者からの意見など。そんな時でも〝素直の法則〟は使えます！

●す……すごいズレてるな～
●な……なるほど～

●お……おかしな人もいるんだな〜

もちろんこれは、言葉に出してはいけません。しかし、心の中でそう思いながら、しっかり反応して話を聴くのです。そして、相手が言い終わったら、「質問すること」や「提案」などを活用していきます。

また、時々、勘違いする人がいます。「素直とは、自分の意見をもたず、言われたことをそのまま受け入れて動くこと」と勘違いしているので、それは次の項目と併せて説明していきます。

2 即実践

うまくいくリーダーや、うまくいく人は、良いと思ったら即実践。同じく、良くないと気づいたら、即中止（これも、やめることを即実践）をしています。

なぜ、それができるかと言えば、前項で説明した〝素直さ〟があるからです。これは、何かお願いや指示をされた時にも重要なことです。私は職員研修などでは「〝今やる！すぐやる！私がやります！〟の精神で仕事をすると、喜ばれますよ！」と伝えています。

もちろん、内容によっては今ではなく、保育後に行う場合もあります。そんな時は、今すぐ〝メモ〟をとり、忘れないための行動をとっておく！ということです。

この即実践を行っていきながら、次の、行動の3ステップも知っておいてください。

●TTP（徹底的にパクる）　※パクる＝真似をする
●TKP（ちょっと変えてパクる）
●OKP（思いっきり変えてパクる）

です。

このステップは、能の世界の教えで「守・破・離」と言われています。

●守……師の教えを忠実に守り実践していく段階
●破……師の教えを自分なりの方法を加えながらアレンジしていく段階
●離……師の教えを元に自分のものとして一人前になる段階

内容にもよりますが、それぞれを3年くらいのスパンで考え、10年で一人前になる！という考え方です。ここでも、初めは素直に、忠実に実践することがポイントです。

しかし、「守・破・離」で説明すると、言葉では理解していただけるのですが、実践に繋がりにくかったので、最初の3行（英字）のようにアレンジしたのです。素直に聴いて、即実践。そして、自分のものにしたら、自分の考えを加え、言われなくても動けるようになっていきましょう、とお伝えしています。

素直で頑固――素直と頑固は相反するものと考えられますが、私はセットだと思っています。素直に聴いたり、受け止めたりしつつ、実行のレベルを上げていく段階で、実行する頑固さが必要なのです。つまり、〝相手の話をしっかり聴こう〟と素直に思い、TTPで徹底的にパクり、実践していくぞ！という、実践する頑固さが必要なのです。〝やる！〟と決めたらやる！〝やめる！〟と決めたらやめる！のです。ただし、先に頑固がきてしまうと受け入れられません。頑固さを、その人の軸とか、こだわり、頑張りと考えると理解しやすくなるかもしれません。

繰り返しますが、素直は素晴らしい能力です。しかし、それだけでは足りなくて、頑固という強い意志や軸が常にセットとなり、実行へと繋がっていくのです。

3 毎日1ミリの成長のために毎日小さな工夫をする

素直に話を聴き、受け止め、そして即実践していく——それを通じて、毎日1ミリの成長をしていきます。

第五章のリーダーの役割第五条のところで、「誰にも負けない努力をし　昨日の自分を超える（1日1ミリ心の成長）」と書きました（121ページ）。成長のためには、継続が必要です。しかし、人間はすぐに慣れて、更に飽きてしまいます。子どもたちも同じですね。子どもたちは「またこれ〜？」と、素直に指摘してくれます。

だからと言って、毎日毎日全く違う努力をしなさいということではありません。やはり、同じことの繰り返しの中から力がついていくのです。しかし気をつけないと、すぐにマンネリ化してしまいます。そこで、毎日1ミリの工夫をしていきます。どんなに小さなことでも構いません。

例えば、掃除をしている時、

● もっと短時間に
● もっと効率よく

●もっと綺麗にできる方法はないか？　このような小さな工夫で良いのです。もっと言えば、小さい工夫の方が、一日の中でたくさん実践する可能性が高まってきます。

4 人を喜ばすことが大好き

素直・即実践・毎日の成長と工夫——なぜ、これらを続けられるのか？　それは、成長したい！という思いがあるからだと私は思っています。

この思いだけで実践できる意志の強い人もいます。しかし、人は、自分の成長だけではモチベーションが続かない場合もあります。わかりやすい例えで説明しましょう。

例えば、ダイエット。ここでは、ダイエットも自分の成長と大きく捉えてください。「よし！　ダイエットするぞ！（成長するぞ！）」と決意します。しかし、3日も経たないうちに「あ～続かない……。来月からにしよう！」（苦笑）。今度は英語学習。「よし！今年こそ英語を毎日30分勉強するぞ！」。でも、毎年4月号の教材だけ、どんどん増えていく……。こんな経験をした人も多いのではないでしょうか？

しかし、これが、「よし！　ダイエットして、今年の冬、家族でハワイに行って、家族も喜ぶスタイルにするぞ！」とか、「よし！　今年の家族旅行は海外で、私が英語で話して、子どもたちを喜ばせよう！」と、自分のため＋誰かも喜ばせるためと、意味づけが変わってくると、それがそのまま行動へと変わっていきます。

スポーツの世界でも「応援してくれるファンの方々のために、一生懸命練習してきました」「日本の代表として、この結果を皆様にお届けできたこと、本当に嬉しく思います！」というコメントがよくありますよね。

人を喜ばすことは、人間最大のパワーを生み出すのではないかと思っています。これは、決して大きなことをするという意味ではありません。小さなことでも良いのです。人を喜ばすことが大好きだからこそ、素直に受け入れ、即実践し、もっと喜んでもらうために毎日の成長・工夫をしていこう！と繋がっていくのです。

5 明るい

幼稚園・保育園・こども園では、この〝明るさ〟は、非常に重要なキーワードだと思っています。もちろん、おとなしい、静か、心に秘めた思い、時には、物事をマイナス思考で考える――それらが決して悪いわけではありません。そのような振る舞いや、思考の方がうまくいく仕事もたくさんあります。ただ、私は、幼稚園・保育園・こども園の幼児教育の世界では、この明るさというのは能力の一つだと思っています。だからこそ、笑顔や表情、服装や身だしなみ、姿勢や言動などは、「楽しく」「キビキビ」など、明るさに繋がることを意識しています。

でも、そのような表面的なことだけで良いのでしょうか。私は一番大切なのは、「明るい考え方」だと思っています。これについては、第四章のリーダーに必要なマインドの1番目、最倖のプラス思考のところ（91ページ）ももう一度読み返してみてください。

すなわち、「明るい考え方」とは、

- 絶対にできる
- もっと良い方法があるはず
- 毎日楽しい
- 大変なことも経験だ

など、色々なことを明るく前向きに捉えていく考え方です。

6勉強好き

世の中は、ものすごいスピードで変化・進化しています。今の園児たちが社会人になる時はどんな世界になっているのか、想像もできませんね。しかし、どんな世界になっていようとも、大切なことは、学びたい！勉強したい！という気持ちです。私は、「もうこれでいい」と思ってしまった時点で成長が止まってしまうと思っています。

勉強と言うと、少し硬く聞こえてしまうかもしれませんが、

●もっと知りたい
●もっと良くなりたい（成長したい）
●まだまだ伸び代がある

常に、そんな意識で、一日を一瞬を過ごしていく——ということです。机の上で学ぶだけではなく、実践から学ぶ。自分以外は、みんな、私の先生なのだ！と考え、誰からも学ぶ。そんな姿勢が大切です。

素直・即実践・毎日の成長と工夫・人を喜ばすことが大好き・明るい——だからもっと勉強したい！と繋がってくるのです。

7 現場第一主義

「事件は会議室で起きているのではない！ 現場で起きているのだ！」。人気ドラマの名台詞です。同じように園での出来事も、うまくいくことも、いかないことも、全て現場で起きています。

だからこそ、〝現場第一主義〟が重要です。もちろん、リーダーがずっと現場に張り付いていたら、職員たちは頼ってしまい逆に伸びなくなってしまいます。だからと言って、職員室での指示・アドバイスと、その後の相談や報告だけで、全てを把握しようとしても、それは無理があると思っています。

やはり、毎日必ず現場を見るという習慣づけが必要です。時には、担任が「うまくいっていない」と報告をくれたけれども、実際に現場を見たら、かなり良い状態だという場合もあります。その逆もあります。いや、その逆の方が多いのではないでしょうか。

前にも例に挙げていますが、「発表会の練習大丈夫？」「は、はい！　大丈夫です！」「じゃあ、来週のリハーサル楽しみにしているね！」ところが……というような場面です。具体的な質問をうまく組み込んだ会話と〝現場第一主義〟をセットで行っていくことが大切です。

8 問題・トラブル対応に力量を発揮

ここまでは、比較的プラスの要因を多く説明してきました。ここでは、問題・トラブルが起きたというマイナス状況の場合です。

実は、リーダーの力量は、問題・トラブルが起きた時にこそ、発揮されるのです。問題・トラブルが起きた時、最初にどんな反応をして、どんな考え方でそれを解決・解消していくのか。この時に重要になってくるのが、その園のフィロソフィー（哲学・考え方）です。

うまくいっている時や、相手がプラスの状態の時は、こちらの言い方が多少不十分でも、そもそも相手が良い状態なので、気にせず流してくれる場合もあります。しかし、問題・トラブル発生時は、相手は落ち込んでいるのです。内容によっては、自分も相手も落ち込んでいます。当事者でしたら、なおさらです。その時に、リーダーがどんな反応、どんな考え方で行動を起こしていくのか。ここでリーダーの真価が問われます。

ですから、常にプラスとマイナスをセットで考えておくことが大切です。ただし、93ページでもお伝えしたように「最初の反応＝結論に繋がる」のですから、最初のプラス思考を大切にすることです。

これでやってみよう！（プラス）

ただ、もしかしたら、こんなことが起きるかもしれない！（マイナス）

でも、大丈夫！　一緒に頑張ろう！（プラス）

問題・トラブルが起きた時がリーダーの出番です。

9 失敗を経験に活かす

前項では、どちらかと言えば、園内の問題を想定してお伝えしました。

この項の「失敗を経験に活かす」ももちろん、園全体で活かすことが大事ですし、また、実際に問題・トラブルがあった職員についても、その失敗を経験に活かせるよう、リーダーがフォローしていくことは必要だと思います。ただ、ここでは、リーダー自らが「失敗を経験に活かす」という意識で考えてほしいと願って、お伝えしていきます。

経験を重ねてくると自信がつき、時には、できれば失敗したくないという意識が高まると思います。それは当然で、誰でも、失敗はしたくないものです。しかし、失敗から学ぶことは大変多く、それが次のステージに上がる試験のようにも感じます。

経験が浅い時は、小さな失敗をたくさん繰り返し、それがある一定量になると、急にできるようになり、徐々に失敗の回数が減り、いつしか自然にできるようになっていく。次のステージに上がると、今度は失敗しても何度も繰り返すことは無くなり、徐々に徐々にステージの上がり方が加速していきます。

確かに、経験が積み上がってくると、失敗の回数は少なくなります。しかし、1回の失敗の意味が大きくなってきます。それは、当然のことながら責任も同時に上がってくるからです。失敗した時点では、心から反省するでしょうし、時に自信を失うこともあるでしょう。でも先ほど、失敗は次のステージに上がる試験のようなものとお伝えしました。少し時間が経つと、その失敗があったからこそ、今このような状態にあるのだと感じることがあるはずです。これこそが「失敗を経験に活かす」ということなのです。リーダー自身が、失敗をこのように捉えていると、部下や後輩が失敗した時にも、フォローの仕方が変わってくると思います。

2、うまくいくリーダーにはこれが無い！

うまくいくリーダーの共通点、最後です。ここでは、うまくいくリーダーには無いものをお伝えします。それは、「うまくいくリーダーには無い五戒」というものです。五戒とは、

不平不満・愚痴・悪口・陰口・感情的になる

これら一つひとつは、非常に強力な力をもっています。

これまでに、たくさんの小さな良いことを積み上げてきたとイメージしてください。

しかし、この五戒のうち一つでも行ってしまったら、それまでどんなに積み上げてきていても、一気に崩れてしまうのです。人財育成のところで説明した「ステップ⓿」と同じような意味です（166ページ）。

●不平不満・愚痴

不平不満や愚痴は絶対に言ってはダメ？　思うだけでもダメ？　いいえ、そんなことはありません。

そもそも不平不満や愚痴の根源は意見の違いです。意見の違いは、時には、大きなプラスの効果をもたらします。全員が同じ意見だったら、残念ながら新しいアイデアを出すことができなくなってしまいます。意見の違いが、何らかの理由で、受け入れられない状態で溜まってしまった時が問題なのです。その状態で、場所と相手をしっかり考えながら、自分の考えを伝えれば「意見・提案」になります。もちろん、結果はわかりません。でも、正しい形で、望ましい場所で、適切な相手に伝えれば良いのです。

それを間違って、仲間や、部下・後輩や、あり得ませんが、例えば保護者に言ってしまった時に、不平不満・愚痴へと大変身してしまうのです。

怖いのは、言い返されない相手を自然に選んでいますから、「それは、あなたが間違っています」とは、教えてもらえないことです。

●悪口・陰口

悪口や陰口。言われたら、嫌ですよね。でも時として、言われたら嫌なことを自分で言っている時は、自分は間違っていないと思っているかもしれません。または、言うことですっきりした！なんてこともあるかもしれません。

でも私は、悪口・陰口とは、投げたら返ってくるものだと思っています。二つの理由からです。

一つは、悪口・陰口は（実は不平不満・愚痴もそうなのですが）、これを発信すると、それがまた自分のところに戻ってきて、また投げたくなるのです。つまり、投げれば投げるほど、自分に戻ってきて、それを繰り返すということです。

もう一つは、投げたものは、なぜか、その人のところへ届くということです。不思議なのですが、しっかりと相手のところへ届くのです。もしかするとこんなことかもしれません。ある人がこう言っています。

「絶対に言わないでね！　〇〇先生って、最近、こうだと思わない？　もう本当にあり得ないよね～！　誰にも言わないでね！」

「絶対に言わないで！」「誰にも言わないでね！」「誰にも言わないで！」と言っているにもかかわらず、イメージですが、こう聞こえます。「拡散してね～」と！


人は、秘密を打ち明けることで、「繋がる」という意識も同時にもちます。つまり「〇〇さんだから言うけど……」と、この言葉をつけることで、会話をしている人たちは、少し変わった一体感をもつのでしょう。それが、いわゆる〝噂話〟なのだと思います。内容そのものが一番大切なのではなく、そこでの一体感を味わいたいと思っているように感じます。それが、人から人へ。人から人へ。そして最終的には、本人に回っていく。そんなイメージなのです。であれば、言わないと決めることだと思います。

●感情的になる

ここに「感情的になる」が加わると、発信力は更にパワーアップされます。言葉は発しないが、何だかイライラしている。表情が怖い。姿は見えないが、すごい物音が聞こえてくる。こんな状態では、これまで積み上げてきたもの全てが崩れてしまいます。

五戒には入れませんでしたが、「ため息」も、悪い意味で最強の力があります。ため息が無意識に出ていれば、もう手がつけられません。

この五戒（不平不満・愚痴・悪口・陰口・感情的になる）＋ため息……どうしたらいいでしょう？

それには、クリアリングと言って、頭や心の中に浮かんでしまった負の事柄や負の感情を、自分で上手にコントロールしたり、できれば消したり、書き換えたりすると良いのです。

例えば、嫌な気持ちになったら、

●子どもたちと思いっきり遊ぶ

●良いことに目を向ける
●あえて良い言葉を使ってみる

時には、
●思いっきりリフレッシュする
●体を動かす
●カラオケや車の中で大声で歌う

裏技で、
●落ち込んでいる人を励ましにいく
（投げたものは返ってくるので、励ましていると、自分が励まされたと錯覚する）

私の場合は、指をパチンと鳴らし「な〜し！」と宣言すれば、無しになると決めています。そんな単純でいいの？と思うかもしれませんが、そんな単純で良いのです。いつも例に出して説明するのが、野球のイチロー選手のことです。以下は、私の見解です。

イチロー選手は、ヒットを打った時は、必ずベース上で、ヘルメットの穴に指を入れ、ヘルメットを深く被り直すような仕草をしたあと、プロテクターなどを外します。サヨナラホームランを打って、ホームベース付近にチームメイトが集まっているような時は別として、どんなに大きな記録の時にもこのルーティンを行い、冷静に、心のトーンを下げているように見えます。「ヒットくらいで浮つくな！」と、結果の良さで気持ちが浮つかないようにしているように見えました。

逆に三振をすると、少し胸を張ってベンチに堂々と帰っていきます。「しまった～！」と、肩を落としてベンチに戻る姿を見たことがありません。これは、落ちそうになった心を動作でフラットに戻している、そんなイメージなのです。

どちらも、とても簡単な動作です。しかし、私は非常に効果的だと思っています。

そこで私は、嫌なことがあったら「な～し！」。良いことがあったら「まだまだ！いまから！ここから！」と、心で思ったり、文字で書いたり、実際に口に出したりしています。

皆様も、自分だけのクリアリング、ぜひ考えてみてください。

最終章では、うまくいくリーダーの共通点を全部で10項目お伝えしてきました。

今、全てを備えているという人はそう多くはないでしょう。これらは〝獲得を目指すもの〟で良いのです。目指して進む道が、うまくいくリーダーに続く道です。近いうちに獲得されることを心から応援しています。

八田哲夫（はった・てつお）

幼児活動研究会株式会社／日本経営教育研究所 所長。

幼児教育から日本、そして世界を元気にする「革命講師」。

これまで、日本全国の幼稚園・保育園・こども園で、子どもたちへの指導だけではなく、園長・主任・職員指導、保護者講演など、累計講演・研修回数は4,000回を超え、今なお進化し続けている。2017年より海外でも活動を行い、これまで7カ国（アメリカ・オーストラリア・シンガポール・マレーシア・インド・カンボジア・台湾）10地区で実施。教育講演活動を通じ、日本の教育と幼児教育の重要性を伝えている。

●ブログ「はっちゃんまんワールド」10年以上毎日更新
●主な著書
『教えて！ 保育者に求められる100の常識』（中野商店）
『子どもが自分で伸びていく6つの習慣』（経済界出版）
『最上のほめ方』（光文社）
●主な資格
一般社団法人 ほめ育財団 幼児教育アドバイザー／マスターインストラクター、JADA協会認定SBT1級コーチ、個性心理學研究所 認定講師、日本立腰協会（JTA）公認・立腰トレーナー正指導員

後輩・部下をもつ全ての保育者のための
失敗しないリーダーシップ論

二〇二〇年　八月二四日　初版発行

著　者　八田哲夫
編　集　西東桂子
発行者　中野好雄
発行所　有限会社中野商店
〒一六七―〇〇五一
東京都杉並区荻窪一―一九―一三
電話〇三（三二二〇）三〇三一

イラスト　村野千草
DTP　有限会社中野商店
印刷・製本　株式会社加藤文明社

ISBN978-4-909622-02-0